国外家教启示录

GUOWAI JIAJIAO QISHILU

◎刘水发　编著

西藏人民出版社

图书在版编目(CIP)数据

国外家教启示录/刘水发编著.
—拉萨:西藏人民出版社,2011.1
ISBN 978-7-223-03044-1

Ⅰ.①国…　Ⅱ.①刘…　Ⅲ.①家庭教育—外国　Ⅳ.①G78

中国版本图书馆 CIP 数据核字(2010)第 246501 号

国外家教启示录

作　　者　刘水发
责任编辑　李海平
特约编辑　边巴多杰
装帧设计　陈玉丽
出　　版　西藏人民出版社
社　　址　拉萨市林廓北路 20 号　　**邮政编码**　850000
北京发行部:100013　北京市东土城路 8 号林达大厦 A 座 13 层
电　　话:010－64466472、64466473
印　　刷　北京市天河印刷厂
经　　销　全国新华书店
开　　本　16 开(787×1 092)　　**字　　数**　165 千
印　　张　10.75
版　　次　2012 年 5 月第 1 版第 2 次印刷
标准书号　ISBN 978-7-223-03044-1
定　　价　22.00 元

目 录

第六章 让孩子能够独立自主/63

第七章 让孩子学会和金钱打交道/75

第八章 让孩子懂得做人/89

第九章 让孩子学会学习/103

第十章 让孩子学会生活/117

卷首语

你为孩子准备了什么样的家庭教育

父母作为孩子的启蒙老师，自身有着什么样的价值观念，什么样的生活方式，甚至包括一些细小的生活习惯，都会在孩子身上烙下深深的印记。家庭教育中对孩子影响最深入、最全面的，并不是一些空洞的说教，而是父母以身作则的生活态度和生活方式，如果希望孩子成为道德高尚的人，父母首先就应该努力做一个道德高尚的人。

在家庭教育的目的上，父母应该以让孩子自由地发展自我、完善自己的人格和提升自己的道德为目标，而不是单纯地要求孩子学到某种知识或技能，人真正的幸福从来不是建立在这些外在目的之上。

卢梭曾说过："对于一个人的教育，在他一生下来就开始了，他虽然还不会说、不会听，但已经在学习了，经验先于教学。父母指引的航向，往往会在相当程度上决定孩子命运的航船驶向何方。"

家庭教育最初以及持续灌输给孩子的是非观念、善恶标准、为人原则、习惯养成都将影响孩子的一生。

年轻的父母对家庭教育又了解多少呢？

家庭教育是在家庭生活中，按照传统观念由家长（首先是父母）对其子女实施的教育。按照现代观念，家庭教育既包括生活中家庭成员（包括父母和子女等）之间相互的影响和教育，又包括聘请专门从事家庭教育的教师对子女的教育。本书所指的家教主要是第一种家庭教育模式，即家庭成员，特别是父母对子女的教育。

家庭教育是终身教育，它开始于孩子出生之日（甚至可上溯到胎儿期）。婴幼儿时期的家庭启蒙教育是孩子成人教育的第一课，在人的一生中起着奠基的作用。孩子上了小学、中学后，家庭教育与学校教育、社会教育相互配合，既是学校教育的基础，又是学校教育的补充和延伸，对孩子人生的塑造有重要的意义。从某种意义上说，孩子最终成长为什么样的人，家庭教育起着主导性的作用。

家庭教育一般包括：

健康教育。保证孩子身体健康是父母的第一件事，特别是在幼儿时期，健康教育应是父母育儿的重心。

德育教育。父母是孩子成长的第一任老师，也是孩子认识世界的第一任老师，因此，家庭德育教育对于孩子正确人生观形成有着重要的意义。心理学认为，一个人的人格、能力和健康等因素第一来源于妈妈的教育、父亲的教育，来源于幼年的教育、人格的培养，而不来源于知识的培养、科学的教育和学校的教育。因此，幼年时期人格的培养对人的一生有着深刻的影响和至关重要的作用。随着孩子年龄的增长，德育教育在家庭教育中的比重应该越来越大。孩子在学校通常接受的是智育教育，对于人生道德、社会准则的学习，更多需要父母的言传身教。

智育教育。父母担负孩子智力启蒙的重要责任。在孩子上学接受系统智育教育之前，父母应该对孩子进行感官训练，培养正当的兴趣爱好，发展个性和求知欲，为入学做好准备。

家庭教育是整个教育的奠基工程。前苏联著名教育学家苏霍姆林斯基曾经把儿童教育比作一块大理石，要把这块大理石塑造成一座塑像需要6位雕塑家，家庭被放在了第一位。某种意义上，孩子能够成为什么样的人，家庭教育为其奠定了基础。欧美人有一首富有哲理的育儿儿歌，充分说明了家庭教育在孩子成长过程中的重要作用。笔者原文抄录，以供父母们参考：

挑剔中成长的孩子学会苛刻；
敌意中成长的孩子学会争斗；
讥笑中成长的孩子学会羞怯；
羞辱中成长的孩子学会自疚；
宽容中成长的孩子学会忍让；
鼓励中成长的孩子学会自信；
称赞中成长的孩子学会欣赏；
公平中成长的孩子学会正直；
支持中成长的孩子学会信任；
赞同中成长的孩子学会自爱；
友爱中成长的孩子能感受到关怀。

年轻的父母们，你们为孩子准备了什么样的家庭教育呢？

第一章 世界各国家教理念

“子女的生与死、善与恶，都在于父母怎样教养他们。”

——英国教育家斯宾塞《教育论》

父母采用什么样的家庭教育理念，对孩子的成长尤为重要。拥有先进、适当的教育理念是实现有效家庭教育的关键，也是教育过程和教育方法的前提。

世界通用家庭教育原则

成功的家教都是一样的，不成功的家教各有各的问题。成功的家长不仅善于和孩子相处，而且理解孩子的心理，随时随地给予孩子最有效的指导，使孩子在温馨的环境中得以茁壮成长。这里归纳出成功家教必备的十一条黄金原则，它们是各国成功家长实践经验的总和，希望这些“放之四海而皆准”的真理可以为您成就成功的家庭教育。

（一）以身教为主，身教与言教相结合的教育原则

家庭教育是由家长在家庭生活中随时随地进行的。父母是子女的第一任老师。父母言行的权威性，对子女的成长起着长期的、持续的、反复的作用。子女在与父母共同的生活中，从父母的言行举止的潜移默化中获得教育。对于年幼的孩子，父母榜样的作用更大，孩子的语言和行为表现在一定程度上就是父母的翻版。家长言行一致，对人要求与对己要求一致，就为子女树立良好的、可仿效的正面形象，孩子在模仿父母的过程中，使孩子的身心健康成长。

（二）情感与理智相结合的教育原则

动之以情，晓之以理。家长教育孩子的出发点是爱孩子。那么，家长在教育孩子时，就不要总是板着冷面孔，特别是对小孩子，让他们从你的言谈中了解这种爱，明白父母用心良苦。家庭教育中，父母要用爱打动孩子，用具体感人的内容和神情言语，启发和强化孩子的心理感受，同时帮助和指导孩子对所感受之物作理性的分析，明其道理，将感受导向思维，实现从感性到理性的、完整的认识过程。

情感的爱和理智相结合。爱是家庭教育的基础。但是父母对孩子的爱不能无度，否则将成为溺爱；爱中有严，严而有格。随着孩子年龄的增长，父母对孩子的爱更需要理智。

（三）寓教于乐原则

孩子的天性是玩，任何一个孩子都不希望自己玩的权利被残酷地剥夺。孩子身体的发育成长、思想品德的形成和知识技能的获得往往是在玩耍中获得。父母要明白爱玩的孩子不一定是坏孩子，相反他们可能比同龄人有更活跃的思维、更敏捷的行动力。成功的父母能够正确地对待孩子的玩，在玩耍中帮助孩子学会观察、分析，引导他们将兴趣转移到学习上，在学中玩，在玩中学。

但是，片面活动身体某一部位或某一种技能不利于儿童的全面发展和个性培养。一定时间的集中注意，保持安静对养成良好的生活习惯和学习习惯都是必要的，也有利于培养儿童的自制力。父母可通过设计、制订合理的生活作息制度，并督促其遵守。

（四）感情交流原则

家庭教育不可以忽略孩子精神的需要。成功的父母是孩子的朋友，是孩子的心理医生。他们如果经常与孩子进行心理上的沟通，给予孩子更多的支持、鼓励和信任，也会换来孩子的充分信任，使父母的教育要求被孩子自觉地接受，从而达到最佳的教育效果。

相反，很多家长错误地认为：“有书你读，有饭你吃，有衣服你穿，还想什么？”但人的成长不但需要物质，也有精神、情感需要。家长忽略孩子精神、情感需要，长期下去，儿女和家长相处会变得越来越尴尬。

（五）有效化解矛盾，避免冲突

孩子不服管，父母偏要管，家庭教育中往往会产生这样的矛盾。矛盾的出现难以避免，那么，发生矛盾时如何避免矛盾激化就显得非常重要。

家庭成员发生矛盾时，如何调整自己的情绪，使双方的矛盾得到缓解，是家庭教育中必须要遵循的重要原则。家长应该理智地控制自己的情绪，不管是家庭成员之间，还是父母与子女之间，家长都应该遇事冷静，心态平和，千万不要使用激烈的言词或容易激发矛盾的行为针对孩子，否则会让孩子对家长的管理产生畏惧或是厌恶抵制的情绪，不利于家庭教育的实施。家庭成员之间应该努力形成相互尊重的气氛，建立平等和谐的家庭环境，这样的环境更加有利于孩子的健康成长。

（六）生活与教育相结合原则

孩子自出生起一直在父母照料、安排、指导下参与家庭生活，与家庭成员进行人际交往，在这个过程中，孩子可以获得各种知识得到发展。即使在入学后，亦有大量时间，在父母指导下，复习、补充学校所得的知识、技能和观念。因此，父母应该加强对孩子的生活教育，特别是自理能力、交际能力的提高，避免高分低能儿的出现。

道德教育是父母对孩子生活教育的一个重点。孩子在品德个性发展的关键期，极容易受到不良思想品德和不良社会文化的影响。父母作为孩子身边的教师，切不可只重视智育，而忽视道德教育。

（七）及时与持之以恒相结合的原则

能够将及时教育和持之以恒的教育相互结合是家庭教育独有的优势，父母能够发挥这样的优势，往往可以事半功倍，收到很好的效果。

家庭教育不同于学校教育有固定的内容和形式，而是针对当时实际情况及时做出反应，进行教育。所谓“知子莫如父”，父母最了解自己的孩子，对孩子出现的问题可以及时“长善救失”，予以教育。

家庭教育也不同于学校教育有年限限制。对儿童成长过程中的不稳性、反复性和缺少自制能力，家庭教育可以给予持之以恒的、长期的教育。父母“反复抓，抓反复”，使孩子的发展成长有一个正确的基本的方向。

（八）规范性原则

规范性教育原则是家庭教育中非常重要的要求。家庭的教育因素是潜在的，不系统的，并散见于生活之中。这种教育环境的影响经常是自发的，而不是有意识的。所以在家庭教育中建立一定常规非常重要。俗语讲“家有家规，国有国法”“没有规矩不成方圆”说的就是这个道理。所以在家庭中建立一些必要的规则，让所有的家庭成员遵守，孩子就会在这种潜移默化的教育环境中接受良好的纪律性和规范性教育，从而养成良好的行为品质。

（九）相互协调、教育一致原则

家庭教育与学校教育、社会教育须协调一致。在孩子进入学校后，学校教育就成了占有主导地位的教育形式。在这样的情况下，家庭教育与学校教育、社会教育在教育目标、要求上必须保持一致，在内容和方法上应互相协调、家长应主动与学校联系，听取教师意见，主动积极地配合学校的教育工作。否则，孩子在学校听一套，在家做一套，无所适从。

家庭内部的一致。家庭成员对子女教育的要求要一致；对子女的要求前后要一致，不能时松时紧。否则会造成子女对父母的要求似是而非，无所适从，甚至会造成子女对父母的感情疏远或抵触情绪。

（十）循序渐进、因材施教原则

孩子是有差别的。不同的儿童由于遗传素质，生活环境，抚养和教育的方法，以及个人努力程度等因素的不同，在其成长发展的可能性和实际水平上都会呈现出个体差异。即使同一个孩子，随着年龄的变化，心理和生理也会随着发生这样那样的变化，父母必须尊重这些特性和差异，从实际出发量力而行，根据实际情况随时改变家庭教育方式。

对于家庭教育内容和要求一般应由低到高，由浅到深；训练应由易到难，由简到繁；教育方式则是具体形象到抽象理性。父母切忌盲目对孩子进行横向比较或是盲目超前，否则就有可能挫伤孩子的自尊心、自信心，造成孩子个性的畸形发展。

（十一）鼓励和发展性原则

鼓励原则是家庭教育中最常用、最有效的原则。鼓励是对孩子的一种认可，在心理上给孩子一种被尊重的感觉。得到鼓励的孩子往往在做事的时候会提高工作效率或增强战胜困难的勇气。

发展性原则是指在教育孩子的过程中，不要满足于教孩子学会多少东西，而应该教会孩子如何学习和如何解决问题的方法。可以说教会孩子发现真理，比教会孩子掌握真理更重要。当孩子在生活和学习中自己能够解决了问题，家长应不失时机地对其加以鼓励，使其在激励心理的作用下发展得更快更好。当孩子养成了不断探索的品质时，很可能一个未来的科学家的萌芽也就产生了，只要我们加以培植，很快就会长大成才的。

美国：孩子是独立的个体，他们也有人权

美国人的家庭教育的出发点是：孩子是一个独立的个体，他们需要被尊重、被理解。父母给予孩子最好的礼物就是，他们可以成长为一个独立的社会人，履行他们的义务、拥有他们的权利。

（一）美国家庭教育从言语尊重做起：教育孩子不能说什么？

1.切忌言过其实：“你是全世界最美的女孩”

言过其实的赞美就是对孩子撒谎。随着孩子的年龄增长，他们会渐渐分辨出你话中含有水分，他们或是选择怀疑父母，认为你并不可信任，只是喜欢随意敷衍他们。长大成人后，对他人的称赞也会将信将疑。或是选择相信美丽的谎言，自我屏蔽事实。而那些总是喜欢听夸大其词赞扬的孩子，在步入社会后就只能听好话而听不进逆耳忠言了。

美国人告诉我们：不负责任的随意夸大就是对孩子的误导，以平常心对待孩子的优秀。

2.切忌人身攻击：“你胖得像头猪”

孩子也是有自尊心的，含有“恶意”的言语会让孩子的心灵受到莫大的伤害。父母总是喜欢对孩子用讽刺的口吻说话会让年幼的孩子信以为真，继而自暴自弃，甚至丧失了自尊和自信，长大之后也难以有所作为。

美国人告诉我们：孩子再小也有自尊。

3.切忌威胁恐吓："若不好好做作业我就揍你"

父母强势的威吓会让孩子丧失对家长的亲近和信任，甚至让孩子在心理上产生抵制、反抗，不利于家长对孩子的教育。

美国人告诉我们：孩子需要和颜悦色的教育。

4.切忌冷若冰霜："你没看到我正忙着吗"

父母这样的言语，在孩子听来就是告诉他们：父母的事情是很重要的，而他们的事情在父母眼中总是被排在后面。听多了这样的话，孩子会在心理上产生一种错觉：大人们对我干的事毫不关心，他们并不把我当做他们的心肝宝贝。长此以往，孩子就会无意识地和父母疏远，即使有问题也不会主动寻求父母的帮助。

美国人告诉我们：孩子的事再小也要给予关注。

5.切忌居高临下："你不听也得听"

如果父母总是以"高高在上"的姿态对待孩子，很容易让孩子产生厌恶、反感的情绪。即使父母对孩子的批评是正面的、有益的，但是因为你高高在上的口吻也会让孩子在接受批评时心里不平衡，出现口服心不服的反应。

美国人告诉我们：孩子和你是平等的，教育他们最好的办法是用合理的意见让他们自己意识到错误。

6.切忌冷嘲热讽："你以为自己很能干吗"

孩子，尤其是幼童最怕的是出自父母之口的嘲讽，那会让孩子丧失自信，就连父母也不能认可自己，他们也许真的是不知天高地厚。即使你说这些话时可能还带有些许幽默感，但要知道，"小不点们"要正确理解实在很困难。

美国人告诉我们：相信你的孩子，不要总是嘲笑他们。

7.切忌绝对否定："你总是撒谎"

批评是教育孩子的一种方法，但是批评教育需要得体的言语，如果一味地把话说"绝"，极易引发孩子的逆反心理，不但让孩子无法心甘情愿地接受这种批评教育，还有可能挫伤孩子的积极性。

美国人告诉我们：孩子是不能被随意否定的。

（二）美国家庭教育中的素质要求：培养良好品德修养的十二法则

1.归属法则：保证孩子在健康的家庭环境中成长

父母过分地溺爱孩子、对着孩子争吵、将夫妻矛盾转嫁给孩子、自身没有良好的言行举止，这些都是生活中常见的不正常、不健康的家庭环境，这样的环境给孩子的成长造成的危害是巨大的。生活在其中的孩子往往缺乏归属感，对家庭、父母缺少必要的信任感，常常会沉溺于虚拟世界，寻求安慰。

父母给孩子一个爱家的理由，孩子才会爱这个家。

2.希望法则：永远让孩子看到希望

鼓励是最好的教育手段。鼓励代表着父母的认可和赞赏，有了鼓励，孩子就会拥有希望，拥有自信。美国人喜欢对孩子说："干的好（Good Job）""太棒了（Great）""你真是天才"之类。这就是采用希望法则来正面激励孩子，让他们可以保持成功的自信。

父母眼中传达的希望就是孩子最好的动力。

3.力量法则：永远不要与孩子斗强

孩子有任性的权利，父母应该给予宽容。如果孩子与大人吵架赌气，无论谁有理，大人都要主动与他们和解。成年人还要勇于承认自己的错误，尤其对孩子，该道歉还是要及时道歉。我们不要经常想把孩子压下去，让孩子无条件服从你，以满足你作为家长的自尊心。

父母不要用对待成人的方法去和孩子赌气，不要用你的标准来强制要求孩子。

4.管理法则：在孩子未成年以前，管束是父母的责任

孩子需要管理，管非强制，要管而有放。未成年的孩子自我克制能力尚不成熟，因此父母必须负起责任来管束。但这种管束应该是充满亲情、人性化、科学而理性的，而不可把孩子作为私有财产来任意修理摆布。合理的管教关怀，会让孩子们有安全感和被支持感，遇到问题或危难会求助于家长。

“子不教，父之过”，父母要承担起教育、保护孩子的责任，不要把这样的责任随意推给别人。

5.声音法则：尽管孩子在家里没有决定权，但是一定要倾听他们的声音

孩子也需要发言权，他们有权参与家庭的决定。平等地对待孩子，他们才会说出真实的想法。如果大人不尊重孩子的想法，忽视他们的心声，久而久之，他们会不敢对家长说真话，不爱与家长交流。

学会倾听孩子的心声，学会蹲下来跟孩子说话，学会站在孩子的角度、高度为孩子想问题。因为说出自己的想法，是孩子成长路上最重要的一步，父母千万不要阻碍他们的前进。

6.榜样法则：言传身教对孩子的影响巨大

首先，父母以身作则为孩子做出表率，母亲对于女孩，父亲对于男孩的影响颇为重要，单亲家庭或者亲子分离过久，对孩子的成长显然不利。这里的十多条法则其实都可以用言传身教灌输给后代。

其次，父母有选择地让孩子接触自己的交际圈，指导性地引导孩子交友。父母所交往的社会关系和常去的场合对孩子的影响也是巨大的。年幼的孩子，对于对错的认知还不强，很容易被表面的光鲜亮丽所蒙蔽。如果父母不加选择地让他们加入自己的交际圈，成年人世界的五光十色会让孩子迷失自己的方向。

另外，父母对孩子间的交往也要加以关注，对少年来说，同伴的影响远远超过家长，结交什么样的朋友往往会决定一个人的人生道路。父母要帮助孩子寻找和扩展新的健康友谊圈，鼓励孩子参与健康的校内外活动。

孩子需要父母给出正确的引导，才能茁壮成长。

7.求同存异法则：尊重孩子对世界的看法，并尽量理解他们

孩子是一个独立的个体，他们有权利对这个世界做出自己的解读。因此，即使他们的想法和父母相背时，作为成年人的父母应该给予尊重，尽可能理解少儿思维的特点。而对于孩子的事，最好是把决定权交还给他们自己，即使不能完全遵循孩子的意见，也要让他们觉得家长是征求了他们的看法的。

8.惩罚法则：给予孩子适当的惩罚

人无完人，孩子不是不会犯错的圣人。父母在对孩子教育中，不可避免地会用到惩罚，但是惩罚要有前提，必须要让孩子认识到做错了事，甘愿接受处罚，以便下不为例。惩罚方式也要合理，可以采取不让他们做喜欢的事情，比如可以罚其几天不许看电视、上网玩游戏。

父母要有自己的权威，犯错的孩子要受到惩罚，但是惩罚不是目的只是手段。

9.后果法则：让孩子了解其行为可能产生的后果

父母的阅历比孩子丰富，对事情的发展更具有预见性，对孩子的某些行为会有更清醒的认识。因此，当孩子要完成某件事情时，父母有义务、有责任给孩子提出有效的意见和建议。当然，因为年轻气盛，孩子们有时很难接受长辈的合理意见，认为他们保守。这种情况下，父母应该周密思考每件事情的前因后果，然后好好与孩子谈谈，可以从后果的好坏开始，反过来解说该不该这样做，晓之以理，孩子会明白的。

另外，一定让你的孩子明白后果自负的道理。面对过分执著的孩子，让他们吃吃苦头是必要的，这样容易使孩子长记性，也让他们明白承担责任的重要性。对于孩子的冲动，父母有义务让他们知道事情的真相，也有义务让他们学会承担责任。

10.结构法则：教孩子从小了解道德和法律的界限

法律是社会结构稳定的保障。美国是个法制社会，法制教育、社会规则教育被当做家庭教育的重要方面，孩子们从小在心中形成一道道德底线和法制底线，因此，美国人很少有人因为帮亲友或其他社会关系而腐败违法的。因为他们心中有原则，知道越界就是犯罪，不能为了迁就亲人而触犯法律。

11.“二十码”法则：培养孩子的独立意识，父母与其至少保持二十码的距离

给孩子独立的空间，这是孩子的呼声。让孩子拥有隐私，这是现代孩子的起码要求。这个原就是美国人对于孩子要求的回应。美国的父母很注意给孩子留出心理空间。父母不会处处围着孩子转，你觉得是关心照顾他们，孩子们却觉得家长控制得太严。也应允许孩子拥有自己的隐私，有自

己的主动权和决定权。当然，家长还是要在二十码之外注视着并随时准备切入，而不能跑到二百码或二百里之外撒手不管。

孩子是独立的个体，他们有权利拥有自己生存的空间。

12．“四何”法则：任何情况下都要了解孩子跟何人在一起、在何地方、在干何事，以及何时回家

这条原则强调了父母的责任。既然是父母把孩子带到这个世界，他们就要对孩子给予全面的关照，特别是年幼的孩子。知道这些，父母才能判断孩子是否处于安全的环境，是否需要帮助，继而决定用什么样的方法教育孩子。

当然，这样的原则并不是要求父母干涉孩子，而是要求父母给孩子分配更多的时间和精力，让孩子能和父母走得更近。最重要的是，这条原则可以让你的孩子更安全地成长。现在的社会存在着大量的不安全因素，为了孩子能够健康成长，及时了解孩子的动向显得尤其重要。

了解孩子的一点一滴是父母的第一堂课。

日本：中西合璧的教子法

日本的家庭教育有中国传统家庭教育中注重亲子间的感情交流、关注孩子的课业等方面，也有西方家庭的培养孩子独立自主精神的内容。通过日本家庭教育的实例，我们看到日本的家庭教育显得更加现实性。他们着眼于子女的社会性教育上。通过家庭教育，父母希望孩子们在接触社会之后也不会变的茫然不知所措。

（一）日本人心中的好孩子

和中国的父母一样，日本的父母也对孩子抱有极大的期望。但不同于中国父母更偏重于孩子智力的培养上。近年来，日本的父母对孩子的期望越来越具有人情味，这样的期望更多是基于孩子未来生活的人性化考虑，他们希望自己的子女能够在社会生活中获得最大的幸福。

1．孩子要学会体贴人

这是日本父母对孩子的第一要求。在他们看来，孩子会体贴人、有人

情味，才是做人的第一步。为了完成这样的教育目标，日本父母很注意言传身教的影响。他们在教育孩子的同时也在力图完善自己。

体贴人是日本人做人的最重要原则，会体贴人的孩子总是招人喜欢，同样，学会体贴别人的孩子在长大以后也会变得富有人情味，幸福感会很强。

2.孩子要拥有忍耐力

大和民族是一个以忍耐力著称的民族，这种忍耐力源于父母从小的培养。日本父母很少迁就孩子，即使对年龄很小的孩子也是如此。在日本，我们总是可以看到这样的情景，幼小的孩子急于喝奶时，不会马上满足他，让他哭一会儿，一边慢慢和他说话，一边拍他的后背，然后再给他吃，忍耐时间逐渐加长。孩子年纪大一点，父母就可以引导孩子用自己的意志力完成忍耐训练，对每次都把零花钱很快花光的孩子，父母会告诉他们："如果你能忍耐住一星期不花零花钱，下周可以加倍给你，你可以攒起来买你需要的大东西了。"

当然，日本父母对孩子忍耐力的训练不是总是拒绝孩子，而是在有意识地教会孩子根据自己的意志积极地忍耐。

3.年轻的孩子应该是积极自信的

在孩子开始懂得与人交流时，就要让孩子学会认识自己，建立自信，凡事均有参与的积极性，凡是参与的事都应从头至尾兴致勃勃。

自信是一个孩子最重要的精神品质，父母希望自己的孩子自信，就是希望他们在未来的生活中更加有奋进的动力和抵抗挫折的精神。

4.孩子应该拥有丰富的想象力和创造力

日本人很重视孩子创造力的培养。他们倡导在孩子很小的时候就要让孩子学会自己玩耍，用玩具来启迪孩子们的智力和创造力。而父母要做的就是观察他们的孩子，以便在未来的教育中给予更好的引导。

创新是一个民族不竭的动力，日本能够成为今天这样的强国，善于创新就是他们的法宝，因此，未来的孩子要想立足就要学会创新。

5.孩子应该能吃苦

日本家庭教育中最有特色的就是他们的吃苦教育。每逢一年中的第一场雪，父母便会带着儿女到户外进行冷水浴。当然，这与平日的洗浴不同，用冷水将身体淋湿就行了。日本父母一致认为，孩子的身体正处于发育阶段，由于贪玩好动而始终处于运动状态，因此对寒冷有一定的耐受力。等孩子年龄稍大一点，父母还会安排孩子们去田间、海岛、森林等自然条件较为艰苦的地方去锻炼，培养吃苦耐劳的精神和克服困难的毅力。

这样的吃苦教育就是要孩子能够经得起未来的种种挫折打击，即使在灾难面前，也能迅速站起来。

那么，如何培养父母期望中的孩子呢？日本父母手中流传着一本《家庭教育手册》，它是日本人家庭教育的精华之作。手册里记录了日本人成功家教的心得，这些经验之谈可以称作是家庭教育的黄金法则，有很强的适用性。

1.孩子应该生活在一个安宁、平和的家庭环境中

当问到，“喜欢什么样的家庭”时，大多数孩子的回答都是“家里人都能愉快地过日子”，可见一个平和、温馨的家庭环境对孩子而言多么的重要！

孩子的成长需要轻松、民主的环境。日本人很重视这一点，为了给孩子提供良好的家庭环境，大多数家庭都会在孩子出生后，母亲辞去工作，做全职太太，专心教育孩子。在日本人看来，有母亲陪伴着成长的孩子会感到更多家庭的温暖和幸福，对于家庭的安全感更强。

当然，除了母亲的陪伴，父母之间和谐的夫妻关系也是家庭环境温馨的重要来源，父母之间少些争执，多些恩爱，总会让孩子得到更多的温暖。

只要提供必要的条件，孩子就能够自然地成长的时代已经过去了。安宁、愉快的家庭需要全家人有意识的共同努力。为了孩子、为了自己，请对家庭进行一次再认识吧。

2.学会珍惜自己，学会珍惜孩子

现代社会，父母们总是面临各种各样的压力，辛劳一天的父母总喜欢在家里发牢骚，却不知这样的烦恼会传染给孩子，让孩子逐渐厌恶社会、厌烦家庭，不利于孩子健康心理的构建。因此，父母在抱怨孩子不听话时，也要反思一下自己的做法。不要让自己的不健康心态影响孩子。

为了避免这样的情况，日本父母建议父母应当学会适当地为自己留一些空间，或是假期和朋友一起散步，或是和爱人一起谈话，总之，父母们应该有自己调试不当情绪的地方，甚至应该定期和心理医生一起座谈，排除不当心理。只有自己拥有了健康的心理，才能更好地教育孩子。同时，健康积极的工作心态也给孩子留下一个美好的印象，让他们对自己的未来充满自信和自豪。

在家里，父母充满幸福的笑容会使孩子感受到幸福。

3.养育孩子是父母共同的事情

在现代家庭里，父亲的权威地位受到威胁，使孩子明辨是非的能力大大减弱了。通常父亲和母亲的育儿方针基本一致，但父亲和母亲站在不同的角度教育孩子，能纠正过于密切的母子关系。父母的默契配合很有必要，母亲要注意不要在孩子面前贬低父亲；父亲也要注意不要在孩子面前大声斥责母亲。

4.走近孩子的内心

孩子得不到理解也会产生不满，有时会一下子爆发出来。孩子突然大发脾气时，连孩子本人和家长都搞不清楚是怎么回事。其实，孩子发火、苦恼是有原因的。

如果父母平时做到仔细倾听孩子说话、与孩子站在同一角度思考问题、对孩子的事非常关心，等等，孩子便能切实体会到自己被父母爱着。孩子只有在感到自己被爱着时，才能心平气和地对待问题。这样能避免不必要的冲突，使孩子能接纳别人，正视问题，茁壮成长。

5.多和孩子闲聊

不断增加父母和孩子之间的对话是建立幸福家庭的基础，而交谈是最好的沟通方式。另外，在家庭关系中，还有很多活动对增进亲密关系是非常有益的，比如最普通的一起吃饭。全家人一起吃饭很重要，规律的饮食不仅对儿童的身体健康有益，对儿童的心理发展也有深远的影响。全家人一起吃饭时愉悦的气氛，父母费心做出的饭菜飘出的香气，已经将父母的爱自然地传达给孩子，由此得到的满足感、信赖感能使孩子开朗、坚强地成长。所以，赶紧商量一起吃饭的时间，养成全家人一起吃饭的好习惯吧。

6.让孩子知道规矩

中国有句古话，“无规矩不成方圆”，父母对于孩子的教育也不能总是大打温情牌，孩子也需要用规矩来约束。于是，日本父母就告诉我们：定下家规，让孩子知道规矩。

家规不仅包括日常问候、门限时间、关灯时间等，还包括不给别人添麻烦、不撒谎等社会规范。为了让孩子懂规矩，并让孩子遵守规矩，父母要经过认真讨论，定出明确的家规，父母和孩子一起遵守这个家规。而倾听孩子的意见与跟孩子共同制定家规同样重要。尤其是给孩子单独房间的同时，也要给他定好规矩，否则孩子整天呆在自己的房间里，父母与孩子间的对话就会减少，亲情逐渐淡薄。要想使房间对孩子的成长起作用，定出家规很有必要。孩子回到家后，先在起居室跟父母问候再进自己的房间；孩子的房间不上锁；孩子带朋友进自己的房间前，先把朋友介绍给父母；父母觉得有必要时，可以进入孩子的房间把握孩子的实际情况，等等。

德国：“严谨”与“理性”地教育孩子

德国是一个以“严谨”与“理性”而著名的国家，德国的家教也以严谨、理性著称于世。德国父母希望孩子可以尽早养成自我、自主的独立精神。在很小的时候，父母就有意识地让孩子明白，每一句话都应该是要“负责任”的。年幼的孩子喜欢撒娇，他们总是和父母说“我不要嘛!”，在我们的父母眼中，这是孩子可爱的表现，他们真实的意识是在要父母给予更多的关爱！于是，我们的爸爸妈妈会过去抱起宝宝，哄哄！但是这种情况在德国几乎是不可能的，在德国父母眼中，当孩子对父母说“我不要!”，对德国父母而言，“不要”的含义是“我自己能干，妈妈爸爸甭管”，于是，听到不要，他们就会很主动地和孩子拉开距离。即使最初孩子是在撒娇，德国父母也不会管他们，相反会走得更远。在严谨、理智的德国人眼中，不管是多么小的孩子，都要对自己的话负责任。久而久之，德国的孩子开始懂得每一句话都要想想是不是表达他们真实的想法，否则很可能适得其反。

德国人理智，他们在教育孩子的时候也要让孩子学会理智地对待每一件事情，即使还是很小的孩子，随意地放纵自己的情感也是不被允许的。

一位德国留学生看到中国父母哄自己哭泣的孩子，很是不解，“孩子明明是在无理取闹，父母为什么还要放纵他们?”他告诉我们，在德国这是根本不可能发生的事情。在家庭中，孩子们甚至不应该总是随心所欲地放纵自己的言行，说自己的心里话。至于无理取闹，哭泣发泄更是被认为是没有教养！倘若孩子发泄、发怒、发牢骚、发出哭声，父母总会要求他“控制自己”，在德国人的认识中，连自己的情绪都控制不住的人是做不成什么大事的!

德国式的严谨、理性教育贯穿于孩子的一生，于是，我们看到被认为是很有家教的德国孩子总是那些看起来，很理智，习惯思考和总结。他们不会说很多话，但是却总是信守承诺。他们自控能力很强，总是克制自己。而那些总是放纵自己的感情的孩子却总是被人看不起，他们也会因为控制不住自己而感到内疚。

德国父母拘谨的家庭教育让德国人养成了严谨、理智的民族性格。他们是世界上最守时的民族，也是最理智、冷静的民族。

不过，德国父母这样的严苛的教子方法，也有值得商榷之处。的确，严谨的教育让孩子学会自制和理智，但是也缺少了一丝脉脉的温情。心理学家指出，其实孩子说“不要”，不过是一种调皮的举动，他实际上离不开父母的关心，父母对他冷漠，肯定会让他遭遇内心伤害。父母带孩子到操场玩耍时，孩子会说“我能自己玩儿，我没事”，随后跟一些小朋友们向远处跑去，德国父母就允许他走开。不过，实际上孩子一直在回头瞧着父母，见不到他们跟着走，他可能觉得又害怕又难过。

犹太人：生存是第一要务

犹太人家庭教育核心：让孩子学会生存。犹太民族是一个神奇的民族，他们只有很少的人口，却拥有最多的科学家，创造了最多的财富。犹太人的成功源于他们成功的家教。在长期的漂泊生活中，饥饿和折磨、杀戮和欺侮缔造了犹太民族的生存智慧。而犹太人的家教就是要把这样的智慧传授给孩子，让他们更好地生存。

犹太人的经典文献《塔木德》告诉我们犹太家教的基本原则：

1.家庭教育是孩子成功的第一步：人生的第一义务是教育子女。有学童而不教育的家庭，必将是一个贫穷的家庭。即便是一个很普通的孩子，只要教育得法，也会成为一个杰出的人。

2.健康的身体是成功的第一步：要从小教育孩子养成良好的卫生习惯，比如早晚刷牙洗脸，饭前便后洗手，定期洗澡洗头等，这是孩子健康的保证。

3.爱智慧是人生的第一课：智慧充实孩子的脑袋，未来才会充实他们的钱袋。勤奋好学是敬神的表现，其重要性仅次于敬神。犹太人重视学问就像重视生命一样。培养孩子追求学问的精神是犹太家教的第一步。犹太人对智慧的看重还有一个重要的原因是，智慧可以为他们创造生存所依赖的财富。没有知识的商人不是真正的商人。商人赚钱需要有头脑，善于动脑筋才能想到更多的经商妙招，犹太孩子从小就懂得，赚钱需要敏锐的目光，见人之所未见，才能把握更多的机会。

4.孩子应该学会节制：在生活中绝不能让孩子不定时吃东西，也不能为孩子准备糖果之类的零食。否则，孩子长大后，就会成为一个没有节制的人。孩子要节制自己的食欲，不要吃对身体有害的东西和自己所不喜欢的食物。小孩子每晚应当确保十个小时以上的睡眠，并且应当在晚上九点以前上床睡觉。

5.孩子要尽早自立：从孩子两岁左右起，父母就应该尽量让孩子帮忙干一些诸如拿东西、擦桌子之类的简单家务，学会系鞋带、扣纽扣之类的基本技能，同时养成跌倒了一定要自己爬起来的习惯。对于孩子力所能及的事情，父母的越俎代庖不仅剥夺了孩子劳动的权利和乐趣，也让孩子从小养成了懒惰的习惯。

6.孩子拥有决定的权利：犹太父母习惯于让孩子做他认为正确的事情，他们从不轻易否决孩子的主意和行为。当然更不会用粗暴的方法，如惩罚或斥责，来阻止孩子的做法。

7.惩罚需要理由：对孩子的合理惩罚是必要的，但不要使孩子感到羞辱或被贬低，更不要让孩子感到窘迫。尤其要注意不要打孩子的脸，或用棍子狠打孩子，否则会伤害到孩子的自尊心，让他们产生自卑的想法。

8.父亲可以影响孩子的一生：父亲是力量的象征，他们勇敢果断，眼界开阔，事业心强。能够获得父爱，并经常得到父亲陪伴的孩子，通常在智能上发育良好。那些长期生活在女性群中的孩子，其性格特点和心理状态往往比较容易出现偏差，如胆怯烦躁、精神抑郁、多愁善感等，这就是所谓的“缺乏父爱综合征”。获得父爱的男孩能够较好地肯定自己的性别并进行“角色认同”，而缺乏父爱的男孩则容易在性格上变得女性化，甚至会造成心理异常；受到父亲良好影响的女孩子在成人后通常都能够严肃认真地对待生活和事业。因此，父亲一定要以自己的健康行为和良好个性去影响孩子。

犹太人的家庭教育理念几乎都是为孩子能够在社会上生存下来，父母教育孩子把知识作为进取的力量，把智慧作为唯一的财富，把赚钱当做自己的天职，把勤俭当做必备的素养，学会了在灵活处事和善待他人中赢得别人的信任，学会了在正确驾驭自我的同时勇敢面对逆境的挑战，具备以上的能力，犹太人才能在极其恶劣的环境下创造出不平凡的业绩。

第二章 中外家教理念比较

如何让孩子更优秀？现在，你可以做得更好！

随着历史的发展，单一的传统家庭教育已经不能满足当代家庭的需求。年轻的中国父母开始尝试西式的家庭教育模式。然而，事实证明，生搬硬套地移植并不能解决中国家庭教育出现的问题。那么，如何做到洋为中用？首先要了解的就是中外家庭教育的差别在哪里？中式家教的问题又在哪里？

中外家教观念大 PK

由于历史传统、社会文化背景的不同，中西家庭教育观念存在着巨大的差异，从这些差异中，我们可以找出许多值得中国家长学习的观念和做法。

（一）教育理念不同：孩子是父母的附属 VS 孩子是独立的个体

“父为子纲”，在古老的中国家庭中，父母处于绝对权威的角色，孩子不过是父母的附属品。孩子的各种行为都要以父母或是家族的利益为最高准则，对于父母言听计从，稍有违逆，就被冠以“不孝”的罪名。长期以来，这种古老的传统使中国的家庭教育总是无视孩子是一个完整的个体，而孩子应有的权利也就不存在了。只要有父母或是长辈在，孩子也就只有服从的份儿，父母对孩子有绝对的支配和限制的力量。

西方的教育理念与之恰好相反。孩子一出生就被看做是一个独立的个体，有自己独立的意愿和个性，具有自我反省和教育的能力，任何人都不可以剥夺孩子的权利。父母、老师都要尊重孩子的隐私、尊重孩子的意见。即使是很小的孩子，父母也会把他当一个成人一样尊重。这个尊重是从出生换尿片开始。换尿片前，先和颜悦色地告诉他要换尿片了，向他道歉，请他忍耐一下。

（二）教育原则不同：孩子要做父母喜欢的事情VS孩子要做自己喜欢的事情

传统的中式家庭教育更加倾向于前者。“孩子是父母的”在传统观念的潜移默化中，孩子们从小被告知要“听话”，听父母的话，听长辈的话，听老师的话。父母总是习惯为孩子决定一切，甚至越俎代庖为孩子设计人生道路。问题是，我们在掌控一切的时候，忘记问我们的孩子是不是这样想。

西方家庭则注重后者。既然孩子是有思想的独立个体，那么他们就有权利决定自己的生活。在这样的理念指导下，西方的父母在早期总是采取随意的养育方式，任孩子自由发展。在他们看来，孩子能拥有作为“人”应该拥有的快乐与天然兴趣是他们成长中最重要的一部分。随着孩子的成长，他们将拥有更多的权利和义务。孩子要自己劳作、自己生活，从劳作中得到快乐，从动手中获得各种知识，学习各种技能。无论是家长、老师还是亲友，都没有特权去支配和限制他的行为，而是要使孩子感到他是自己的主人。

（三）教育目的不同：孩子要出人头地、光宗耀祖VS孩子要自食其力、对自己负责

中国父母为孩子设计的未来之路大体逃不过这八个字。为了这八个字，中国的孩子几乎是这个世界上最辛苦的孩子。华东师大教育系胡东芳教授对美国、加拿大等国家和我国的教育做过比较研究之后，最大的感慨就是：“国外的孩子很快乐，而我们的孩子太辛苦”。我们的孩子背负了父母太多的期许，无论是读书，还是才艺，都要做人上人。从某种角度来说：中国的家庭教育就是精英教育。可问题是，不是每个人都是天才。

相较于中国的孩子，西方的孩子就舒服很多了。父母给他们的希望很简单：要自食其力、为自己负责。父母希望孩子成名成家的观念相对比较淡薄，也不会煞费苦心地设计孩子的“明星”未来，而是努力把孩子培养成为能够适应各种环境，具有独立生存能力和社会责任感的公民。而孩子的远大理想和人生感悟更多是在日常生活的潜移默化中形成，然后再通过自己不懈的努力实现。

（四）教育侧重点不同：知识技能水平决定成功VS情操和意志决定成功

中国父母比世界上任何一个国家的父母都重视孩子的学业成绩。在中国家庭里，孩子的成绩就是亲子交流的主要话题，成绩的好坏甚至可以决定一个家庭的气氛。学业成绩作为知识技能水平的一个度量，反映了中国家庭对于知识技能培养的看重。孩子在小的时候，父母总是把读书、写字、背唐诗作为启蒙课业，而音乐、舞蹈、打球、远足、做手工，甚至礼仪教育等都是"闲事儿"。

学业在西方的父母眼中，远不如中国父母那么重要。心理学上认为：一个人的素质有三个层次，最上面的层次是知识；中间的是情操；最下面的是意志。在西方人看来，仅有知识，不能成为一个健全的社会人。而具备好的情操和意志，知识可以在成长过程中，从书本中和社会上逐步学得。因此，西方的家庭教育往往从陶冶和锻炼孩子的情操和意志着手。他们更多是让孩子从小就听音乐、学乐器、欣赏名画和自然美景，尝试冒险用以培养想象力、探索欲、生存能力、良好的品质、科学的习惯、多元化的选择能力、广泛的兴趣及丰富的体验。

（五）教育方式不同："示范+模仿"VS"引导+发现"

《师说》："师者，所以传道、授业、解惑也。"传统的中式教育强调的是示范+模仿。在家庭教育中，我们通常采用的方式就是告诉孩子什么能做，为孩子们示范怎么做，让孩子在对成人的服从和模仿中成长。

发达国家的儿童教育观强调，儿童的成长主要来源于亲身实践，应该鼓励儿童在尽可能多的早期实践中感知世界、接受知识，并从自身内部而不是外部形成自己的价值体系。在这样的理念所指导，西方人形成一种普遍存在的共识：Stand behind，don't push（站在后边，不要推）。就是说，父母不要总是对孩子进行空洞的道德说教和思想灌输，应该采用"引导+发现"的家庭教育模式，引发孩子的兴趣，鼓励孩子们尝试做自己认为是正确的事情，在实践中获得一种体验。通过具体的实践途径，孩子对于自然、社会自发形成爱护和敬畏，让他们熟悉社会关系纽带的基本原则和运作方式，使他们熟悉社会政治的参与方式，通过这样的实践，这些观念意识才能真正地融入他们的血液，这些行动原则才会真正为他们所掌握所熟悉，从而积淀为支配他们日后行动的潜意识。

（六）教育评价的不同：一元成功标准和横向的比较 VS 多元化的成功标准和纵向比较

中国人更喜欢用一个共性的社会价值标准来衡量成败，在家庭教育中也不例外。几乎所有中国父母都会把“孩子的成绩好不好，有没有出人头地”看做家庭教育成功与否的标准。这样“一元化”的成功标准，忽视了不同孩子的特性，而是让所有的孩子争着往一个方向走，共同比着做同一件事。而这样的事情也许并不是孩子喜欢的。

正因为大家都在做同样的事情，孩子们之间就有了可比性。于是，我们总是习惯于通过横向的比较来评价一个孩子。父母通常会把自己的孩子和别人家的孩子比较，目的自然是以先进带动后进。然而，一味地用别人家孩子的优势比自己孩子的劣势和不足，那样很容易伤害孩子的自尊和自信，使孩子从小形成自卑的心理阴影。

对比中国社会，西方社会更加重视个性的培养。评价标准也较为多元化。父母更加注重孩子是否能够有自己的突出点，有自己的个性。无论是在智商还是在情商上，只要能达到自己的要求就是优秀。孩子做的就是自己喜欢的事情。

因为西方社会是多元化的评价标准，横向比较的意义也不大。因此，西方家庭多采取纵向比较方式来评价自己的孩子。父母会把孩子的今天与昨天相比较。让孩子亲眼看到自己取得了哪些进步，做出了哪些成绩，然后告诉他们：孩子，你自己就很棒！孩子在鼓励中依靠自身的积极因素不断前进，也变得越来越自信、自尊。因为在他的眼中，他就是最棒的。

（七）教育成果不同：高智商人才 VS 全面发展人才

在中国人的教育观念中，孩子拥有高分数就是成功的教育，因此，我们的教育通常会培养出智商较高的杰出人才，他们在国内外的各种领域都会有杰出的表现，但是我们忽略生活教育和生理教育，孩子常常会出现高分低能，普遍表现独立生活能力差，缺乏自立意识，依赖性强，做事被动，胆怯；缺乏适应环境和应变能力，不懂得恰当交往的技巧，人际关系差；

怕苦怕累，只要求别人照顾，却缺乏同情心和帮助别人的能力；在家不知关心自己的长辈，在外缺乏社会责任感。

与此相反，西方的教育更多关注孩子自身的发展，讲究生活、心理教育，孩子们也许没有那么出色，但是他们可以更加轻松地生活，他们从小就表现出：具有很强的自立能力、具有适应市场经济的头脑、具有适应社会环境的本领。学习对他们而言可以是一种兴趣或是生存的手段。总之，西方教育下的孩子更加独立、自主，更加适应社会生活。

当代中式家教的误区

著名教育家任继愈在谈中国家庭教育时说过这样一段话："教育的途径本来有三个：家庭、学校和社会。现在由于许多家长是双职工等诸多原因，家庭教育几乎是空白，社会教育也没有启动起来，这使得长期以来，我国培养人才的途径，就只有学校一条路……沿着这条路走下去，会限制了人才的脱颖而出。"

当代中国的家庭教育处于或是缺失或是不当的状态，这对孩子的成长都是不利的。那么，中国家教的问题在哪里？应该怎样解决？对比中外家教理念，我们发现，很多当代中国父母陷入了家教误区。

生活方面：过分溺爱，物质满足为最高标准。

爱是重要的教育内容。在这个世界上，很多奇迹是靠爱来创造的。溺爱就是一种非常错误的爱。现在全世界都注意到了中国家长对孩子的溺爱。小皇帝式的家庭位置和几代亲长的溺爱使孩子的心理、性格出现以自我为中心、霸道等不良倾向。

对于孩子的溺爱还表现在近乎泛滥的物质供给，再苦不能苦孩子。父母吃了一辈子的苦，生活好了，第一件事就是要给自己的孩子创造一个绝对优势的物质环境。这是中国父母普遍存在的一种补偿心理，却不知这样做反而让孩子失去了自立的机会。

年幼的孩子就像是一张白纸，没有任何杂质，父母给予怎样的引导，孩子就有可能向哪个方向发展。过分地溺爱让孩子感觉不到社会的真实面，对是非对错难以有理智的认识，这些对于他们的未来都会造成不可估量的灾难。

学业方面：家长对孩子重视智力方面的开发，忽视情商教育

中国传统的望子成龙的思想在当代中国被简单地解读为：拥有好的成绩就拥有好未来，就能光宗耀祖。于是，许多父母把孩子的学业看成培养孩子的最重要的一个环节。为了让孩子有个好成绩，父母不惜一切代价给孩子进行智力投资。然而，在对孩子学业给予更多关注的时候，父母们大多忽视了孩子的情商教育，换句话说就是，父母忘记了教育孩子作为一个社会人应该有的素质。包括人格的独立，生活的独立或者是礼貌教育、交际能力、实践能力，在孩子的成长中都处于缺失状态，这样的家庭教育生来就是畸形儿。

现代心理学的研究成果发现，孩子最终能不能成长为一个比较出色的、有成就的人，常常不完全取决于智商，还决定于情商。对孩子最基本的要求是先做人后做事。学习好、会考试不过是做事中的一种，要想学会做事，必须先学会做人，发挥家长的表率作用，既要重视智力开发，也要重视品德的培养。

心理方面：许多父母在培养孩子的过程中，常常只注意生理健康，忽略了心理健康

教育最大的问题就在于，父母一直忽视孩子的心理健康。儿童心理学对普通的中国父母而言，还是个比较新的话题。他们在教育孩子的时候，往往只是关注孩子的衣食住行，无视孩子在心理上的诉求。面对孩子成长中的一些特殊阶段，父母不能给予正确的引导，让孩子处于迷惘、无助的状态，出现了如网瘾、忧郁、早恋等一系列令人头疼的青少年问题。许多孩子长大了，身体健康，学习也不错，但是承受着很高的心理压力与负荷。这就是近年来，大学生自杀频繁发生的深层原因。孩子需要喘息的空间，而父母却一味地让孩子快跑。

在家庭教育中，有很多内容属于心理暗示范畴。一个孩子可能不知不觉地受到某件事情的影响，并成为终生的烙印。父母这段时间因为生活中有些不顺，成天愁眉苦脸，孩子情绪也会受影响，健康状态更不会好。这是因为家长的情绪、父母的言谈举止对孩子有潜移默化的影响。这种影响叫做心理暗示。

父母要善于给予孩子正面的心理暗示，对他们进行潜移默化的影响，好的影响能使他们具备好的素质，好的性格，并获得终生奋斗的力量。要把现代心理学、教育学和各方面有益的东西引进我们的家庭教育。

道德方面：父母要教导孩子学会平衡社会适应能力与道德教育的关系

中国正经历一个社会转型期，孩子们面对的社会是比较复杂的。一方面父母应该培养孩子的道德意识，要崇高、正直、善良，具有关心他人的品质。另一方面，家长又面临着另一个问题：在复杂的社会环境中生活，孩子首先要有适应能力，而后，才谈得上有所作为。

事业方面：孩子沦为家长实现未泯理想的工具

中国父母对孩子的希望很大程度上是源于自己未实现的梦想。他们寄希望于下一代为他们完成。在这个过程中，父母却忘记问问孩子是不是喜欢这样的未来，是不是和他们有同样的梦想。很大程度上，中国的孩子是不能决定自己的命运的。

亲子关系方面：孩子是家长最熟悉的陌生人

中国的父母总是会抱怨孩子不理解自己的苦心。其实，父母对孩子又有多少了解。很多父母以为很了解孩子，但实际上与孩子很少有精神上的沟通。他们只关心孩子的学习成绩，身体是否健康。孩子有了欢乐、苦恼或遇到的问题，首先希望交流的是自己的同学，他们觉得父母不了解自己，他们和家长之间是有距离的。

虽然对孩子进行有效管理是必须的，但是很多中国的父母奉行“棍棒底下出孝子”的教育原则，只要孩子一犯错，不问情由就处罚孩子，不但有身体上的惩处，甚至对孩子进行心理虐待，把本来属于孩子的权利剥夺，整天唠唠叨叨，跟孩子较劲，把孩子听不听话作为是不是好孩子的标准。其实，对孩子应该多表扬少批评，不要唠唠叨叨，应该按照既定的规矩办事，给孩子以充分的权利，才是正确之法。

然而有些中国父母对孩子采取放任自流的方式，他们整天忙于工作、事业或做买卖赚钱；为孩子提供的只是生活上的保障，而其他的内容，包括对于孩子的内心世界、爱好、学业、交友等一概不闻不问。这样的父母不但是个坏榜样而且这样的家庭让孩子感受不到温暖，父母不能让孩子有安全感。

如果父母不能真正地了解孩子，设身处地替孩子思考，父母对孩子施加的种种教育、约束和引导，必然有许多是不合适的，效果也不会好。孩子往往也会对这种教育产生逆反心理，“听不进”父母的话。

西方家教理论核心

——美国教育家刘易斯解读西方家教理论核心

美国学者戴维·刘易斯在《做好家长的四十条建议》中总结了西方家庭教育的四十条建议，可以说是对西方家庭教育核心的最好总结。

1.对孩子提出的所有问题，都耐心、诚实地回答。

2.认真对待孩子提出的问题和看法。

3.竖一个陈列架，让孩子在上面充分展示自己的作品。

4.不因孩子房间里或者桌上很乱而责骂他，只要这与他的创作活动有关。

5.给孩子一个房间或房间的一部分，主要供孩子玩耍。

6.向孩子说明，他本身已经很可爱，用不着再表现自己。

7.让孩子做自己力所能及的事情。

8.帮孩子制定他的个人计划和完成计划的方法。

9.带孩子到他感兴趣的地方去玩。

10.帮助孩子修改他的作业。

11.帮助孩子与来自不同社会文化阶层的孩子正常交往。

12.家长养成合理的行为习惯并留心使孩子学着去做。

13.从来不对孩子说，他比别的孩子差。

14.允许孩子参加计划家务和外出旅行的事情。

15.向孩子提供书籍和材料，让孩子干自己喜爱的事情。

16.教孩子与各种成年人自由交往。

17.定期为孩子读点东西。

18.让孩子从小养成读书的习惯。

19.鼓励孩子编故事，去幻想。

20.认真对待孩子的个人要求。

21.每天都抽出时间和孩子单独在一起。

22.不用辱骂来惩治孩子。

23.不能因为孩子犯错误而戏弄他。

24.表扬孩子会背诗、讲故事和唱歌曲。

25.让孩子独立去思考问题。

26.详细制定实验计划，帮助孩子了解更多事情。

27.允许孩子玩各种废弃物。

28.鼓励孩子发现问题，随后解决这些问题。

29.在孩子干的事情中，不断寻找值得赞许的地方。

30.不要空洞地和不真诚地表扬孩子。

31.诚实地评价自己对孩子的感情。

32.不存在家长完全不能与孩子讨论的话题。

33.让孩子有机会真正做决定。

34.帮助孩子成为有个性的人。

35.帮助孩子寻找值得注意的电视节目。

36.发挥孩子积极认识自己才干的能力。

37.不对孩子的失败表示瞧不起，并对孩子说：“我也不会干这个。”

38.鼓励孩子尽量不依靠成年人。

39.相信孩子的理智并信任他。

40.让孩子独立完成他所从事的工作的基本部分，哪怕不会有积极的结果。

从上述的四十条家教意见中，我们看到西方家庭教育和中国式的家庭教育有很大的不同。西方家庭教育的理论出发点是：孩子是一个独立个体，他们应该有独立于父母的思想和行为；孩子是一个社会的人，他们应该和成人一样拥有社会赋予的公民权利，也要履行社会义务，这是父母所不能替代的；孩子是一个自然的人，他们应该有获得快乐、表达悲伤的权利。

在这样理念的指导下，西方父母培养孩子更多是关注孩子的生活能力、学习能力、社会能力。他们教育孩子从小独立自主，希望他们可以为自己的未来负责；教育孩子遵循社会原则，希望他们可以在社会上立足；教育孩子玩耍，希望他们可以拥有轻松的生活。

由此可见，西方的教育理念似乎更加人性化，更加适应社会的发展，对于纠正中式家庭教育的误区，有很好的借鉴作用。

第三章 让孩子赢在起跑线上

教育的基础主要是5岁以前奠定的，它占整个教育过程的90%，在这以后，教育还要继续进行，人进一步成长、开花、结果，而你精心培植的花朵在5岁以前就已经绽蕾。

——苏联教育家马卡连柯

婴幼儿时期是孩子神经系统发育最快、各种潜能开发最为关键的时期，在这个时期对孩子进行合理的早期教育，可以有效地“激活”孩子的大脑发育和人格成长，从而为孩子的将来打下一个坚实的基础。

金牌案例：柴可夫斯基的成功源于早期教育

柴可夫斯基（1840—1893），俄罗斯最伟大的作曲家。他出生在俄国维亚特斯基省的一个贵族家庭，10岁在彼得堡法律学校读书时，便开始学习钢琴和作曲。柴可夫斯基的作品繁多，体裁广泛，歌剧《黑桃皇后》、舞剧《天鹅湖》《睡美人》《胡桃夹子》等都是他的作品。他的作品被称为“俄罗斯之魂”。

柴可夫斯基能够在音乐上取得如此非凡的成就，得益于父母对他的早期培养。柴可夫斯基的父母对音乐的热爱在潜移默化中为儿子打开了音乐启蒙，造就了一代天才。

柴可夫斯基曾在《回忆录》中写道：“我的父亲使我在婴儿时期就感受到音乐节奏的魅力，这是我走上音乐道路的起点。”

柴可夫斯基于1840年出生在俄国沃金斯克，那是一个金属工业城。他的父亲在矿区工作，母亲则是一个普通的家庭主妇，夫妇二人虽然都不从事和艺术相关的工作，但是他们却是天生的爱乐人，音乐总是洋溢在他们的生活中，就连哄孩子也离不开音乐。当柴可夫斯基还是个婴儿的时候，母亲每天总是用歌声哄他入睡。这是柴可夫斯基最早接触的旋律。有时，孩子不听话，大声哭闹，母亲不是斥责而是一面哼着乡土味十足的俄罗斯民歌，一面轻轻地拍打着他的小屁股。每晚，父亲回到家第一件事情就是和婴儿床上的孩子拥抱、玩耍，父亲把小柴可夫斯基抱在双腿上，一面嘴里发出类似马蹄的声音，一面轮流交换起左、右腿，抱着儿子东摇西晃，上下颤动，对小小的婴儿来说，这真是一种美妙的节奏。渐渐地，无论是安眠的歌声还是斥责的民歌，还是父亲模拟的马蹄声都让柴可夫斯基对节奏越来越熟悉，也越来越敏感。每晚，当父亲回家时，听到马蹄声，小柴可夫斯基就会像父亲那样模拟马蹄声，挥舞自己的小手，在他看来，那个声音就代表着父亲和拥抱。而民歌则代表了母亲的关爱。音乐在孩子的心中有了新的解读，音乐的启蒙就在这样的无意识中开始了，使柴可夫斯基从小与音乐结下了不解之缘。

随着年龄的增长，父亲总是会带柴可夫斯基去附近的一所东正教堂玩耍，教堂不时吟唱的赞美诗对柴可夫斯基无疑是第一次正规的音乐训练。他在这种声音中得到快乐，也吸取了不少音乐养分，后世那首节奏明快的芭蕾舞曲《天鹅湖》就是在赞美诗的启发下写成的。这样的音乐经历让柴可夫斯基对音乐开始有了最初的懵懂，他的音乐才华也在这个时候完全展现出来。

有一次，他的父母发现他能够把家乡圣彼得堡音乐会上听来的旋律用钢琴弹出来。父母相当惊讶，儿子的音乐天赋让他们感到欣喜，于是他们决定送柴可夫斯基去上正式音乐课程。由于他有过人的听力，自然使他在音乐造诣上有所成就。1863 年，柴可夫斯基放弃了主修的法律，全力攻读音乐，在音乐世界中寻找乐趣与满足。

柴可夫斯基的父母并非有意将孩子培养成为音乐家，但他们的“哄孩子睡”和“逗孩子乐”的动作却在无意之中培养了孩子敏锐的节奏感，使柴可夫斯基自小便与音乐结下了不解之缘。形成了柴可夫斯基最初的音乐记忆，并走上了音乐之路。

案例启示：早期教育

没有父母早期的音乐熏陶，就没有柴可夫斯基后来在音乐上绝高的造诣。可见，成功的早期教育对孩子的未来意义深远。

早期教育，通常是指孩子在出生后到上学之前，父母给予的教育。著名早教专家 Barnett 认为，孩子的早期护理和教育能够极大地提高孩子日后在学校中的成功机会。婴幼儿时期的孩子虽然对外面的世界认识尚不充分，但是他们具有潜在的学习能力。作为父母，合理地挖掘、引导孩子的潜在学习能力是十分必要的。0～6 岁的婴幼儿时期是一个人可塑性最强的时候，父母给予的早期教育对孩子未来的发展影响巨大。如果你习惯在家放一些好听的歌曲或者古典音乐给他们听，甚至自己不时在家里哼哼唱唱，给孩子营造一个音乐环境，让孩子很容易对音乐产生兴趣；如果你经常给他们看一些色彩斑斓的图画，给孩子营造一个美术氛围，孩子就会对色彩有超乎寻常的敏感。

案例拓展：各国早期教育面面观

早期教育的目的就是通过给懵懂的孩子一个有效的环境，让他们对这样的环境产生兴趣，继而引发学习的兴趣。国外的父母一向很重视孩子的早期教育，他们在长期的摸索中也形成了各色各样行之有效的教育方法。

美国：从一开始就教孩子完整规范的语言

婴儿天生就对声音敏感，所以很早就对孩子进行语言教育是非常容易的。美国一所大学的语言系教授斯特娜夫人在女儿很小的时候就开始有意识地对孩子进行早期语言教育，终于把女儿培养成一位语言天才，她的经验是美国早期教育的一个典范。

斯特娜夫人在女儿还听不懂说话时，就对她讲话。斯特娜夫人总是用标准而优美的英语、用轻柔的声音对孩子说话。她从不把女儿看做一个不懂事的婴儿，相反，在她看来，孩子从出生那一刻起就对声音有了辨别的能力。采用完整规范的语言训练孩子的听觉是很有必要的。因此，斯特娜夫人的女儿在很小的时候就懂得言语规范的重要。一次，妈妈的朋友问她："我可以逗逗你的汪汪吗？"小姑娘立即纠正说："不能叫汪汪，是狗。"

斯特娜夫人对女儿的语言早期教育是依据孩子的生理发展规律进行。年幼的孩子对具体实物很敏感，斯特娜夫人就用生活中的实物教女儿学习语言。从女儿不会说话开始，就成天抱着她在屋里走动，给她看屋里的东西，同时用清晰、缓慢的声调念这些物品的名字给她听，如椅子、书橱等等。使用这种方法教育的结果是刚满一周岁的女儿说的话远比同龄孩子多得多。女儿喜欢说个不休，常常把某个单词反复地讲着玩，斯特娜夫人有效地利用了孩子这种特点，用精选的词句把孩子能理解的那些有趣故事组成短文，讲给女儿听，并让她记住。女儿记住以后总喜欢高兴地复述。

现在，父母总喜欢让年幼的孩子学更多的外语，为以后打好基础。可是，斯特娜夫人从不让女儿去学很多门外语，她认为女儿应该首先把母语英语学好。在她看来，同时让孩子学多种外语的结果就是让小孩子对语言学习产生反感，以至于最后连一门语言都学不好。因此，斯特娜夫人的语言教育十分重视母语的学习，在女儿很小的时候就让引导孩子背诵拉丁语经典《艾丽绮斯》，为女儿打下良好的拉丁语基础。有了坚实的母语基础，才能谈到外语的学习。

斯特娜夫人对于女儿的外语教育更多的是一种兴趣教育和启蒙教育。她首先选择了西班牙语作为女儿的第二外语，因为西班牙语是欧洲其他各国的语言中最简单的一门。在女儿能用英语流利地听说读写之后，斯特娜夫人开始训练女儿的西班牙语听力。在学习西班牙语的过程中，女儿表现出了惊人的语言天赋，她信心十足地学习着，终于在 5 岁的时候熟练掌握了 8 国语言。当然，在这个过程中，斯特娜夫人要做的仅仅是引导，依据女儿的兴趣来进行。在她看来，如果女儿有兴趣学习，她可以继续完善现有语言基础，也可以继续学习 10 个、20 个国家的语言。但是，如果她放弃了，也没有什么，毕竟我们要做的是发掘孩子对语言的学习兴趣。看着女儿对语言表现出的浓厚兴趣，斯特娜夫人反而担心学很多门语言会造成女儿对学知识的偏好，同时大量地耗费女儿的精力，耽误其全面发展。

德国：抽象思维的早期开发

德国是一个理智的国家，他们拥有绝佳的逻辑力和分析力，而这一切源于德国父母的早期教育，德国父母很重视孩子抽象思维的早期教育。他们认定，注意培养孩子拥有初步的抽象思维能力，一定会给他以后的教育打下良好的基础。

德国人认为，婴儿出生 6 个月后，就拥有抽象思维的能力，在父母的启发下，他们可以理解简单的因果关系，对生活中的事物有初步的认识和印象，如按动开关电灯会亮，摇动铃铛会发出悦耳的声响。父母示范这样的因果联系后，会引导孩子自己验证，让他们学着按电灯开关，摇动铃铛，验证存在他们脑海中的因果关系是否正确。

1 岁的孩子懂得“顺序”的概念，父母有意识地在孩子面前展示顺序可以随着自己的意愿而改变，然后，引导孩子自己做主改变顺序，比如让孩子自己决定先喝奶还是先玩，让孩子对时间和次序等抽象事物的理解加深。

2 岁的孩子可以进行归类训练，德国父母用孩子们喜欢的事物吸引孩子理解概念、辨别种类。如要求孩子将画有大狗、小狗、黑狗、白狗、花狗的图片从许多混杂的图片中选出来，并归纳为“狗”这种动物，还要求孩子将画有萝卜、青菜、辣椒、豆荚的图片也从许多混杂的图片中选出来，并归纳为“蔬菜”。在这样的训练中，让孩子感觉到个性和共性的区别。

3 岁的孩子可以区别共性和个性。父母会让孩子找出蜻蜓、飞机、蝴蝶、风筝等事物的共同点，还把各种颜色的事物归成若干类，如把兔子、山羊、纸张、牛奶等归为白色类，把苹果、西红柿、红旗等归为红色类。

玩耍是孩子的天性。德国人通常会把游戏看做是培养孩子抽象思维能力的有效途径之一，其中包括数字类游戏、下棋、走迷宫、搭积木、玩魔方，等等。鼓励孩子给一个故事设计出合乎逻辑的不同结尾，帮助孩子提高抽象的逻辑推理能力。引导孩子和父母一起分析、选择、舍弃和讨论，让孩子拥有思辨的能力。绘制地图则是德国人培养孩子抽象思维的最好手段。德国父母总会带着孩子来到沙滩上，用小木棍画出记忆中的家宅或学校，周边的房屋、花园、商店等也一一清楚地标示出来，父母的工作就是引导他们正确地完成自己的地图。

美国：和父母一起阅读，打开孩子想象的翅膀

近年来，美国人普遍喜欢一种叫做“幼儿阅读启蒙教学法”的早期教育法。它是由美国教育家杰姆·特米里斯发明的。他认为培养孩子的读书兴趣要从小开始，要依靠父母来“诱发”。父母应从孩子很小的时候就养成为孩子朗读的习惯，每天20分钟，持之以恒，孩子对阅读的兴趣便会在父母抑扬顿挫的朗读声中渐渐产生了。他认为孩子坚持听读可以使注意力集中，有利于扩大孩子的词汇量，并能激发想象，拓宽视野，丰富孩子的情感。在每天20分钟的听读中孩子会逐渐领悟语句结构和词意神韵，产生想读书的愿望，并能初步具备广泛阅读的基础。杰姆·特米里斯认为孩子听读应越早越好，父母选取的朗读内容应生动有趣，能吸引孩子注意力，随着孩子年龄的增长，内容可逐步加深。他强调使用这种方法的关键是父母一定要有爱心、有耐心，日复一日，年复一年，家长们的付出终会有满意的收获。

这种早期教育法在美国很受欢迎，几个州都发起了“请为孩子朗读”“您一天中最重要的20分钟”的活动。作为父母不妨每天晚上或其他时间，当孩子安静下来时，耐心地在他身边富有感情地为他朗读一首儿歌，一个故事，这将比您一味地督促、强制有效很多。

请相信，每天20分钟，孩子的收获将可享用一生。

美国：早期幽默感训练

美国人认为具有幽默感的孩子大多开朗活泼，往往更讨老师的喜欢，人际关系上也顺利得多，因此，在婴儿出世才6周时，许多美国父母总会有意识地在细节方面培养婴幼儿的幽默感。

抱孩子的时候，父母故意抱着孩子做“下坠”的动作时，让孩子体味到身体下落的一种特别感觉，引发孩子的笑容。他们还会和孩子玩捉迷藏，将一块手帕遮住自己的脸，然后猛地抽走，经常这样和孩子闹着玩，孩子的笑容就会多起来。

需要提醒年轻父母的是，婴儿时期的孩子实际上还不能发出笑声，他们对父母玩笑的回应大多是在脸上露出笑容，或是用小手的挥舞表达自己的快乐。因此，父母要有绝对的耐心识别孩子的表达，不要以为孩子总是不回应自己而放弃。

美国人给孩子订立的“幽默培训”计划是配合孩子生理成长的阶段，贯穿孩子整个早期教育。

1岁左右的孩子已对他人的脸部表情十分敏感。父母们喜欢对他们做出不同的鬼脸，或是露出不同的搞笑表情，引得孩子笑声连连。

2岁时的幼儿已能从身体或物品的不和谐中发现幽默。父母们会在和孩子相处的时候故意做出一些不和谐的举动逗孩子一笑。妈妈把袜子试着“戴”在宝宝的手上，或是把宝宝的衣服给自己穿，脸上则露出恍然大悟的的表情。这样的训练不但可以让孩子笑，而且会在潜意识中让孩子懂得，妈妈的行为是不合理的。

3岁幼儿的智力已发展到能认识概念不和谐中潜藏的幽默感。当着孩子的面，爸爸故意手拎起女式皮包，或妈妈故意穿上男士衣服，发现这样的不和谐，孩子们总会偷偷地笑起来，父母也会和孩子一起哈哈大笑。有时，孩子会装模作样地戴上大礼帽，拄着拐杖，步履蹒跚地模仿爷爷的行动，父母不妨配合孩子一起欢笑。

4岁左右的幼儿喜欢“过家家”，喜欢扮演他们熟悉的角色。父母会陪着孩子一起玩角色扮演，并客串反面角色或是担任搞笑的角色，让孩子笑声不断。

5～6岁的幼儿开始对语言中的幽默成分十分敏感。父母则有意识地对孩子进行语言幽默的训练，如绕口令的学习，不但让孩子觉得有趣，而且让他们意识到语言的魅力，增强学习语言的兴趣。

日本：延长的胎教音乐

音乐在胎教方面的作用父母们早已不陌生，但是日本最近提倡的音乐早期教育，却告诉我们音乐的魔力远不止于此。研究表明：只要从零岁开始并一直坚持下去对孩子进行音乐教育，可以尽早地为孩子建立良好的听力机制，孩子也就能尽早地理解别人的话，其记忆力和注意力也能充分发掘出来。这一点当然不光表现在学习上，还会表现在社交方面，因为“听”也是社交的基础。另外，听音乐还可以挖掘和启发儿童的多种智力和各项潜能。

藤泽礼子小朋友的父母就是这种早期教育的实施者。礼子从上小学开始就总是班上第一名之外，她还是一个对什么都感兴趣，对他人富有爱心的优秀女孩子。礼子妈妈在孩子出生之后仍然为孩子进行音乐熏陶。礼子降生后，母亲每天为她播放贝多芬的“命运”，从早晨8时到10时，是规定好的听录音机的时间，雷打不动。每个月反复听同一内容以使之习惯。尽管当时的礼子才只是一个刚能勉强看清东西的小婴儿，但令人吃惊的是，她竟也能“领会”古典音乐的精髓：每当听到“命运”的旋律，不管怎样哭闹，她都会一下子安静下来，表现出一种欢喜无限的样子。

礼子的母亲解释这种做法时说：“我认为，重要的是使她养成习惯，到时不听她就会感到寂寞。这样，孩子就很容易把这项活动坚持下去。录音机不仅能播放古典音乐，还能讲故事。因为有听古典音乐的基础，礼子在听童话故事时一开始就表现出一副全神贯注的样子，绝不会走神。1周岁后，她就能随着录音机一起说了，后来甚至配合以翻看画册和图书。结果，令人吃惊的是，在她1岁8个月的时候，就达到了能阅读文字的程度。

现在，藤泽礼子是小学六年级学生，父母从未强迫她用功，可她却非常自觉：每天放学一回家，她马上就开始2个小时的电子乐器的学习；接下来是读书、做作业。每周一次她还要去英语课堂和书道馆。闲暇之时，她要么自己一个人制作偶人和贴花，要么与附近的小朋友们一起做游戏。

俄罗斯：环境教育

俄罗斯人更重视环境在孩子教育中所占的地位，当然这里的环境不仅指社会环境，更多的是指孩子日常生活的自然、家庭环境。

俄罗斯人对孩子启蒙教育的第一课就是适应环境。他们的孩子从刚出生起就会在父母的带领下接触大自然、习惯大自然、热爱大自然，让孩子经受风霜雨雪和严寒的考验，在潜意识中让孩子适应生存环境。

在寒冷的冬天，俄罗斯总会有一道独特的风景线，身穿皮毛大衣、头戴狐皮帽子的母亲站立在冰天雪地之中。她时而推动一下身边那辆有篷盖的婴儿小推车，时而跺跺双脚。她的肩膀和帽子上，积了厚厚的一层雪，看得出，她已在这儿站立了很长时间。一个身体包得严严实实，只露出小脸的婴儿正在小推车里酣睡。他不时吸吮一下漂亮的小嘴，仿佛睡梦中也在享受母亲甘甜的乳汁。小推车中的婴儿，也就几个月大，可是从孩子出生两三个月，每天绝大部分时间处于睡眠状态时起，俄罗斯的母亲们就会一天两次推着孩子到大楼外的空地上散步，从不中断。开始时每次半小时，以后时间渐渐加长。即使是在寒冷的冬天，也不会中断，他们有时还特意把孩子带到雪地里“挨冻”。俄罗斯人认为：“要让孩子从小就接触大自然、习惯大自然，这对他的健康有好处。”有时，父母因为白天工作忙，到了晚上还要带孩子出去，在他们看来，“天黑可以培养孩子的勇气”。

夏天，俄罗斯的父母会带着还是几个月大的孩子一起去海滩，细皮嫩肉的孩子们也被脱光衣服，先洗海水澡，再沐日光浴，皮肤晒得红红的。

俄国人赛德兹博士运用自己的早期教育法培养出了一个天才儿子。他的教育法中最重要的一点就是关注孩子的生长环境。在他看来，天才的幼年几乎都生长在丰富而有趣的良好环境中。在儿子刚出生时，赛德兹博士和妻子就精心地为他布置了属于他的生活空间。在孩子的房间里，摆了很多书，并用颜色好看的饰物装饰房间，每天还会放些美妙的音乐，让孩子一睁眼就看到一个活泼、斑斓的世界，一张开耳朵就接触到各种美妙的声音。

随着儿子年龄的增长，赛德兹博士对儿子的生长环境已不再局限于房间或饰物的安排了，而是为他提供更多、更有意义的东西。他把那些颜料和绘画工具交到儿子手里，让儿子听妈妈弹吉他。这一切都带给孩子极大的快乐，而父母也因为儿子的这种快乐而开心。在赛德兹博士看来，他把这些东西教给儿子，并不是期望他成名，不过是让孩子能接触更多的东西罢了。

拓展链接：

早期教育行之有理

西方早期教育案例让我们看到早期教育不但涉及对孩子兴趣的引导，更有对孩子情商的有意识培养。总之，早期教育是孩子未来教育的起点，父母如何把握早期教育对孩子今后的发展至关重要。卡尔·威特是世界早期教育的先驱者，他在儿子身上尝试的早期教育理论，让一个出生后被认为是痴呆儿的孩子成长为一个天才。卡尔·威特的早期教育理论也被誉为金牌理论。我们借卡尔·威特的理论为父母们展示早期教育理论的基本原则。

1.教育儿子先从母亲开始。历史上的伟人都拥有一个善于教育孩子的母亲，母亲在儿子的成长过程中发挥着不可替代的作用。如果母亲只关心孩子的健康，而忽略孩子的品德的形成和智力的发展，那就是错误的、不负责任的行为。卡尔·威特说，小卡尔的母亲勇敢和快乐的精神深深地影响着儿子，使儿子后来步入社会时，即使遇到困难，也无所畏惧。卡尔·威特认为，母亲的工作不能由旁人代替，孩子的教育必须由母亲承担，把自己的孩子托给他人，恐怕只有人类才这样做，这种作法有先天性。

2.催逼会毁灭天才。生下来就具备高超禀赋的孩子，再施以高明的教育，孩子的前途是不可估量的。但父母对天才的教育往往是失败的。父母往往只着眼于孩子的天赋，而不注重全能的培养。对孩子要求过高，施加压力过大，这样做多半使孩子半途而废。

3.儿童潜能递减法则。儿童具备潜在能力，但这种潜在能力是遵循递减法则的，如果从一出生就给他进行理想的教育，那么他的潜在能力就可能达到100度。如果从5岁开始教育，即使是施以最优秀的教育，他的潜能也只能达到80度。而从10岁开始，不管教育方法怎样好，潜能也只能达到60度。也就是说，教育开始得越晚，儿童潜在的能力实现得就越小。

4.不要让孩子的精力只用于消化。卡尔·威特说，孩子出生后的头半个月，我们坚持定时给他喂奶、喂水，使他的生物钟一开始就形成规律，直到他能吃饭后，两顿饭之间仍然只许喝水不许吃别的，免得他的胃老是得不到休息，血液总是在胃部工作而不是集中在大脑。如果让孩子的精力只用于消化，那么大脑就不会得到很好的发展。

5.愉快是健康的关键。孩子生活的周围环境，如果气氛阴郁，孩子必然会消化不良，身体不健康。因此，孩子居住的房间从最初起就应该是令人心情愉快的。卡尔·威特说，天气晴朗时，我们经常把孩子带到田野里，让他眺望绿色的原野。天气好时经常让他在屋外睡觉，以便接受阳光沐浴，呼吸新鲜空气。在婴儿睡觉时，我们决不把他裹得紧紧的。每天都坚持给孩子洗澡、按摩手脚，这样既能发展他的触觉，又能促进血液循环和肢体的灵敏度。

另外，早期教育还要顺应孩子发展规律。父母需要了解孩子的生理、心理特点，顺应孩子的发展规律进行相关的教育，需要循序渐进，过早的早期教育开发只能提高家长对孩子的期望值，无端给孩子今后的发展增添压力。

早期教育行之有法

1.让玩具教育你的孩子

婴幼儿在玩耍中成长。对于婴幼儿来说，生活就是游戏。父母的早期教育要注重玩具的作用。为孩子选择合适的玩具，陪孩子一起玩耍，在玩耍中锻炼孩子的肌肉，促进动作的发展，启迪孩子的心智；在游戏中，引导孩子不断体验到成功与失败，自由与规则，过程与结果，在满足玩的乐趣的同时，丰富了自己人格的内涵。

2.让音乐培养你的孩子

音乐在早期教育中占有重要的地位，父母给孩子放合适的音乐，不但可以培养孩子对音乐的兴趣，还能提升孩子的注意力、记忆力甚至语言能力，但是对于今天的父母来说，为孩子放音乐是好的，但是让孩子看电视就需要斟酌了。电视给人以强烈的视觉冲击，过度地看电视会让孩子失去想象的空间，不利于孩子的成长。

3.和孩子在一起

婴幼儿时期是一个很需要父爱母爱的阶段，和父母在一起学习、玩耍都会起到事半功倍的效果。婴儿时期的孩子，妈妈要多给予爱抚，多陪他们说说话，不要以为孩子听不懂，这个时候的孩子拥有绝佳的感知力，父母给予的爱会让他们开心。幼儿时期，父母和孩子一起读书、玩耍，以身作则，引导孩子形成良好的作息习惯，这些都是早期教育的一部分，对于孩子的未来发展意义重大。

4.有规律地进行智力早期教育

对孩子的早期智力开发，最重要的就是依照孩子的发展规律。父母必须对孩子的心理、生理特点有所了解，这样才能有的放矢地对孩子进行智力上的引导。

研究表明：婴儿在4个月左右时，能够看见东西并可以伸手去拿，就可提前在3个月左右时，在他小床上悬挂一个够得着的彩色玩具。用来锻炼他的手眼协调，发展他采取的能力，10个月左右的婴儿，会用拇指、食指抓住小物件，那么在8~9个月时，就为他准备小玩具，让他锻炼抓的动作，这对他探究活动的发展，会有促进作用，1岁2个月的孩子会走路了，大人可以在孩子1岁左右时就扶他练习走路，或用体操加以训练，促使他早走、稳走。幼儿1岁半左右是语言发展的快速时期，成人可在孩子1岁时就运用游戏的方式训练他们的发音，表达和对语言的理解。2岁左右时最爱听故事，同时还可以提一点小问题，要他们回答。用来锻炼他们的表达力和理解力，等等。一般说来，音乐、体育、美术的学习，幼儿期开始为好，外语的学习也是越早越好，为避免与本国语言混淆，可在3~8岁开始，阅读能力的培养，在5~6岁以前可以开始，因为4岁是形象知觉的敏感期，5岁以前，可以开始进行数的概念教育。

另外，父母必须明白早期智力开发是挖掘孩子的智力潜能，而不是对孩子进行强制性的智力训练，父母要做到“以情为先、以养为主、教养结合”，每天至少花一小时与孩子语言交流，让他们对学习的内容首先产生浓厚的兴趣。

5. 编故事扩大孩子的知识面，引导孩子形成正确的价值观

父母在编述故事时，应考虑到幼儿身心的特点，将一般知识融入故事中；讲述时，要有感情，把故事中人物的喜怒哀乐等情绪表现出来，反映在脸上，语言要明白、生动通俗、避免用成人的语言。另外在故事中可穿插一些问题来启发幼儿的思考，有时候也可用亲子故事接力的方式。

6. 带孩子理解自然，让孩子有机会到处游览

去博物馆、科学馆、动物园、公园、名胜古迹，让孩子体会到世界的大、事物的多，也让孩子从参观中扩充见闻，以激发其学习的兴趣。

第四章 让孩子拥有尊严

尊重孩子的人格，孩子便学会尊重人。在家里，要从小就把孩子当做独立的社会人来养育。这样培育出来的孩子，走上社会便能够成为独立的社会人，并具有“后生可畏”的劲头。

——日本作家池田大作

尊重孩子的人格、意愿，是有效家庭教育的第一步。因为只有孩子感受到足够的尊重后，才会学会理解、尊重父母和其他人，他们会变得敢于表达自己的看法，努力做个小主人。

给孩子一个民主的家庭，孩子也是家庭的一份子！

金牌案例：马克·吐温的家庭民主

马克·吐温是美国著名的现实主义作家。他经历了美国从“自由”资本主义到帝国主义的发展过程，其思想和创作的发展阶段也表现为从轻快调笑到辛辣讽刺再到悲观厌世。作品文字清新有力，审视角度自然而独特，充满对资本主义社会各种丑恶现象的辛辣无情的嘲讽，似乎是一个很尖锐冷漠的人。生活中的马克·吐温却有着不为人知的另一面。他对孩子的教育就像他写的小说一样充满了幽默、轻松的情趣，却没有冷漠和尖锐。

马克·吐温有3个女儿，他是一个非常慈爱的父亲，他把女儿们当做掌上明珠，家庭中常常充满了笑声，洋溢着温馨。从女儿开始懂事时，每当他写作累了，他就叫来女儿，让她们坐在自己的椅子扶手上，给她们讲故事。故事的题目由女儿选择，她们常不假思索地拿起画册，让父亲根据上面画的人或动物即兴编故事。对于马克·吐温来说编出一段生动的故事来虽然毫不费力，但是每次他都非常认真，从不敷衍。

在这个家庭里，父母和女儿之间始终保持着一种平等、民主和相互尊重的关系，洋溢着和睦融洽的气氛。父亲从来不摆出一副做长辈的架子，从不训斥女儿。孩子有了过失，马克·吐温也决不姑息，让她们记住教训，不再重犯。只是，马克·吐温惩罚女儿的方式与众不同。有一次，马克·吐温夫妇想带着孩子到农庄度假，一家人坐在堆满干草的大车上，颤悠悠地向郊外驶去，一路上饱览美丽的田园风光，这是女儿们向往已久的事了，因此她们一路上唧唧喳喳说笑不停。可是就在大车出发前，不知出了什么差错，大女儿苏西动手把妹妹克拉拉打得哇哇大哭。事后，苏西主动向母亲承认错误，但是，按照马克·吐温制定的家规，苏西必须受到惩罚。惩罚的方式还要女儿自己提出来，母亲同意后，就可以施行。苏西提出几种受惩的办法，包括她最不情愿受到的惩罚——不坐干草车旅行。犹豫了老半天，苏西终于下了决心对母亲说："今天我不坐干草车了，它会让我永远记住，不再重犯今天的错误。"马克·吐温非常理解女儿为自己决定的受罚方式对她究竟有多大的份量，他后来在回忆这件事时说："并不是我让苏西做这件事的，可想起可怜的苏西失去了坐干草车的机会，至今仍让我感到痛苦——在 26 年后的今天。"

有这样一个特别的父亲，有这样一个温馨、民主的家庭生活环境，马克·吐温的女儿们幸福地长大了。

案例启示：民主的力量

马克·吐温是很特别的父亲。他的家教中给予了孩子充分的自尊。案例中我们看到，平时的相处中，马克·吐温让孩子拥有选择的权利，就连他的惩罚方式也让孩子有被尊重的意味。当苏西选择了惩罚方式，我们可以相信，她不但认识到自己的行为不合理，同时也明白犯了错误需要受罚的道理。

和自己的孩子一起制定一些小小的约法，或者共同协商一些什么事情，家庭教育其实可以其乐无穷，既能帮助他们改掉坏毛病，又不会让孩子觉得枯燥无味，而乐于接受。

案例拓展：他们如何尊重自己的孩子？

美国：家庭教育从尊重孩子做起

在美国，普遍认可的家庭教育观念认为：尊重孩子不仅仅是因为他们年幼需要爱护、关心和培养，而且在于他们从出生起就是一个独立的个体，有自己独立的意愿和个性。无论父母还是老师都没有特权去支配或限制他们的行为。在孩子的成长过程中，师长不能代替他们对客观进行选择，而要让孩子感到自己是自己的主人。家庭各式各样的玩具和儿童读物放在令孩子能拿到的地方；墙上门上贴满孩子们的“美术作品”；父母很少强求孩子的言行，孩子们像伙伴似的称呼长辈的名字是很自然的事。

美国人讲究对孩子说话的口气和方法。父母要认真听孩子的讲话，而且要让孩子感受到自己是被尊重的。孩子不吃饭时不能硬逼；孩子做错了事不得横加训斥；要孩子换衣服也不可用命令的口吻，否则会给孩子的心理留下自卑的阴影。家长带孩子外出做客，主人若拿出食物给孩子，美国人则最忌讳提早代替孩子回答“不吃”“不要”之类的话，也不会在孩子表示出想吃的时候对孩子呵斥。他们认为，孩子想要什么或是想看什么，本身并没有错，因为孩子有这个需要，任何人都没有理由来指责，只能根据情况适时适当地做出解释和说明，以做引导。美国人反对父母在人前教子，更不允许当着人面斥责孩子“不争气”“笨蛋”“没出息”，因为这会深深伤害孩子的自尊心，父母这样做是一种犯罪。

美国父母很少训斥和打骂孩子，更容易见到的是家长对孩子说：“谢谢”“对不起”“请原谅”“这样好吗”，等等，用商量的口吻对话。美国孩子在家里的确是小主人，不但参与家庭的各种活动，还参与家庭大事的决策。比如购买什么样的汽车、家电、电脑，怎样布置房间，怎样利用和美化庭院等，父母都倾听孩子的意见。许多孩子都跟父母一起干些力所能及的家务活儿，如收拾院子、种植花草树木、擦洗汽车、做室内外卫生、购买东西等。

美国的父母尊重孩子的权利，不会替代孩子选择，同时他们也会教育孩子们遵守自己的义务，以此获得别人的尊重。父母会在孩子小的时候立下许多规矩，让孩子在日常生活中懂得遵守这些规则是自己的义务，做到这些自己才能获得别人的尊重，也能让自己拥有尊严。一旦自己违背了规则，父母要做的是要求孩子承担责任，如孩子打碎了邻家的玻璃，美国父母不会像中国父母那样代子登门道歉，而是让孩子自己去认错，乃至让稍大一些的孩子去打工赚钱来赔偿。

在孩子成长的过程中，父母给予孩子最大的尊重，不但尊重他们的选择，更尊重他们承担义务、责任的权利。事实证明：受到父母良好尊重的孩子同父母大多非常合作，他们待人友善，懂礼貌，同大人谈话没有一点局促感，自我独立意识强。

英国：尊重孩子就是给孩子一个自我的空间，维护孩子的尊严

尊重孩子就要给他一个自我的空间，在这个空间里，孩子们有权决定自己的事情，并且要为自己的决定承担责任，这是英国父母尊重孩子的具体表现。

英国孩子从婴儿襁褓时期就跟妈妈分床睡觉，到了两三岁，有条件的家庭都会给孩子们提供独立的房间，这个房间就是孩子们自己的空间，一般情况下，对于房间里的一切摆设、装饰、格局安排，都是孩子自己来做决定，父母最多从旁提醒、参谋。即使没有独立的房间，每个英国孩子在家里都会有自己存放衣服、玩具和学习用品的地方，没有特殊的事情，父母不会随便进孩子的房间，也不会帮孩子收拾东西，一切都交给孩子自己动手完成。在英国人的意识中，父母只要保证孩子的安全，至于其他生活上的事情，父母一般不会干涉，在他们看来，只管孩子的安全，其他生活上的事，游玩、学习都由孩子自理、自主、自我选择。

除了给孩子一个实际的独立的生活空间外，英国父母还注意维护孩子的尊严。他们从来不会随意批评孩子，更不会对着外人讽刺自己的孩子。

即使是孩子犯错，父母也不会随意让孩子在陌生人、朋友们面前丢面子。父母总是根据当时的情形，等回到了家或是把孩子带到一边再去与孩子沟通，对其进行教育。教育家洛克说过：“父母越不宣扬子女的过错，则子女对自己的名誉就越看重，因而会更小心地维护别人对自己的好评。若父母当众宣布他们的过失，使他们无地自容，他们越觉得自己的名誉已受到打击，维护自己名誉的心思也就越淡薄。”恰恰是这种“护短”的行为让孩子感觉到父母和他们是站在一起的，事后的教育也会让孩子感谢父母为他们保留颜面，继而让孩子认可父母的教育。

英国人对孩子的尊重就是给他们一个独立的空间，以及维护孩子的尊严。无论是生活上的，还是认识上的，孩子在这样的尊重下逐渐懂得自我控制、自我反省！

日本：孩子的秘密也需要保守

三月中旬是日本学生毕业的时候，元旦一过，应届毕业生们就开始忙碌——升学考试、排练毕业式上表演的节目、为学校制作纪念品、为新生入学做准备，等等。

朋友的儿子圭亮今年小学毕业，也卷入了忙碌的大潮。每天，圭亮一回家就会钻进屋子里，把门关得紧紧的。朋友说孩子们还有一项特殊的“作业”。我很好奇小家伙在做什么，就问朋友：“你知道圭亮在做什么吗？”朋友笑笑回答我：“孩子也是有隐私的，他不希望我知道，我就不能看！”这会儿，小家伙突然高兴地跑出了房间，手里还拿着几张有画、有字的纸。我很好奇，问他：“这是什么呀？”小家伙得意扬扬地说：“这上面是我的鸿图大志。我为自己设计了人生计划，以后干什么工作、何时结婚、生几个孩子、挣多少钱、买什么牌子的汽车、买公寓房还是独建的住宅、活到多大岁数，等等。明天全班同学要把自己的人生计划，装进一个叫‘记忆罐’的密封罐中，埋在校园的小树林里。我们还约定，30年后返回学校，挖出‘记忆罐’，看看有多少人实现了梦想。”

“可以给我看看吗？”朋友听了孩子的话，也兴致勃勃地问道，可是小家伙一脸神秘地把纸放到背后，“不行，这是我的秘密！”

正说着，门铃响了，是伙伴们来找圭亮出去玩的，他把自己的“宏图大志”随手往桌子上一放就高兴地和伙伴们走了。朋友远远地瞟了几眼桌上的纸，做妈妈的多想了解儿子的内心、知道圭亮描绘了怎样的一幅宏图啊！但她还是忍住了。她把纸仔细卷起来，用蓝绸带系上，又打了漂亮的蝴蝶结，工工整整地放到圭亮的房间。

我很奇怪她的做法，“你不看看吗？圭亮不会知道的！”朋友笑笑说：“即使不知道也是他的秘密呀，我们要替他保守！”

话音刚落，圭亮就气喘吁吁地跑了回来，显然是想到了什么。当他看到纸卷安静地躺在自己的房间，他疑惑地看妈妈，那意思说：你没偷看？

朋友微笑的目光似乎在说：这是你的秘密，未经你允许，我当然不应该看。

看到妈妈柔和的目光，圭亮的眼睛顿时清澈起来，笑着跑出去玩了。

母子俩从头到尾没说一句话，传达出的信息却掷地有声：尊重和信任。

日本人对孩子的尊重让我们很感动！孩子在成长过程中，需要家长的悉心呵护、耐心引导，但孩子不是父母的私有财产，即便年纪很小，也有独立的人格与自尊心。尊重孩子的隐私，也是尊重他们的人格。日本家长这种身体力行的无声教育，对孩子的健康成长无疑有潜移默化的作用，是最有说服力的教育。

法国：问问他们的理由

孩子犯了错误，父母的第一反应都是指责孩子。可是法国的父母可不认同这一点。一位法国朋友告诉我法国人是如何“处理”犯错误的孩子的。

法国人很重视孩子的想法，即使结果是错误的，父母要做的第一件事也是问问孩子这样做的理由，问问孩子当时是什么样的想法，对孩子就像对成人一样，不以父母的身份居高临下地惩罚他们。等到事情的前因后果彻底弄明白了，父母才会判断孩子行为的对与错，对他们的行为有的放矢地进行教育和惩戒。在这个过程中，父母给了孩子充足的申辩时间，让孩子拥有说话的权利，这样就可以在孩子和父母之间形成一个互相信赖的关系，接下来即使是父母指责孩子，孩子也会认识到自己的错误，心甘情愿地领罚。

法国人喜欢用对话的方式教育自己的孩子，即使面对的是一个什么也不懂的婴儿。在他们看来，这样的方式首先是对孩子的尊重，其次可以让孩子明白自己应该做什么，应该怎么做，然后主动地去做。父母不会替孩子拿主意，也从来不逼孩子做这个做那个，或者告诉孩子应该这样做应该那样做。他们明白与孩子的相互理解是最有效的教育方法。这意味着他们把孩子当做是一个完整的人，尊重孩子的人格。

澳大利亚：蹲下来和孩子说话

澳大利亚人把孩子看做是和自己平等的人，从不因为自己是父母就对孩子颐指气使。父母和孩子说话时，为了让孩子减少对于父母身高的畏惧，他们通常是蹲下来和孩子说话。在澳大利亚经常会有这样的情景：父母和孩子一起吃饭，孩子吃饱了要下地去玩时，父母会蹲下来对小孩子说话。一位旅居澳大利亚的教师曾有这样的经历：一次，这位教师来到朋友家共度周末。朋友有一对可爱的儿女，当他们一同去超级市场时，四岁的儿子因为姐姐先坐进汽车而不高兴了。朋友在车门口蹲下，两只手握住儿子双手目光直视着孩子，诚恳地说："谁先坐进汽车并不重要，对吗？"儿子看着妈妈会意地点点头，钻进了汽车并挨着姐姐坐下了。

第二天上午，大家去公园玩，男孩子和姐姐跑跑跳跳，到湖边去看戏水的鸭群时，不小心绊了一跤，眼泪在他的大眼睛里滚动着，马上要流出来了。这时，朋友又很自然地蹲下来，亲切地对儿子说："你已经不是小宝宝了，是不是？你是个大男孩儿，绊一下没关系的，对吗？"这时，那位教师也学着朋友在一旁蹲下来，面对着男孩说："是的，你是个大男孩了，对吗？"孩子一下子就收住了眼泪，自豪地玩去了。

后来这位教师和朋友谈及孩子的教育方法，朋友告诉他说："在我小的时候，我的父母就是这样同我们说话的。我们认为，孩子也是人，也是独立的人，只是他们比我们矮一些，我们就应该蹲下来同他们说话……”

父母蹲下来同孩子在同一个高度上谈话，同孩子脸对脸、目光对视着谈话，让孩子感受到父母对他的尊重，感受到父母对自己事情的重视。在澳大利亚人看来，这样的教育方式有利于从小培养孩子独立自尊的人格，能帮助孩子认真对待自己的问题或缺点，为孩子创造了乐于接受教育的良好心境，而不是使孩子听而不闻或产生逆反心理。

德国：做孩子的顾问，而非管理者

对于十几岁的孩子来说，他们不需要父母妥善地安排好一切，他们需要一位顾问、一位助手。父母可以充当这样的角色，不要对孩子的事情指东点西，只需要认真听他们讲，然后给出意见。亚特兰大的心理学家伊丽莎白就是用这样的方法教导青春期的女儿，并且收到了很好的效果。

伊丽莎白有一个十四岁的女儿，以前在各方面都表现良好，可是当她同父母搬家到亚特兰大时，情况发生了变化。女儿转学到当地的一所中学后，竟然和一些不良少年混在一起，养成了很多坏习惯。父母对女儿的情况很是担心，于是耐心地询问女儿是如何陷入这样的局面的。女儿的回答让父母大吃一惊。原来，女儿在转到新学校后，由于不能一下适应新的环境，一度处境艰难，班上的几个男生主动地帮助了陷入困境的女儿，还对她多方照顾，这样的举动让女儿很是感激，此后，那些男生让女儿做什么，女儿都乐意和他们一起做，不知不觉竟然染上了各种恶习。可是，女儿很想从坏学生中解脱出来，才向父母诉说。听到这样的话，伊丽莎白夫妇没有生女儿的气，也没有指责孩子，相反肯定了女儿向父母求助的行为，同时，给女儿适当的意见，表示对女儿会给予最大的支持。有了父母的支持，女儿很快走出了迷途。同时，女儿很感激父母对自己误入歧途时给予的理解和帮助。此后，亲子间的关系更加融洽，女儿也习惯和父母商量自己的事情。

拓展链接：

尊重孩子行之有理

著名教育家斯特娜夫人说过：“自尊心是一个人品德的基础。若失去了自尊心，一个人的品德就会瓦解。”

尊重孩子可以保护孩子的自尊心，让孩子拥有健康的心理。自尊心是人类特有的思维活动，是向上的内在动力。幼儿期是孩子自我意识的形成时期，在这个阶段孩子们开始注意别人对自己的评价，比较注意保护自己的自尊心。父母对孩子表达自己的尊重，就会让孩子的自尊心得到极大的满足，让孩子感受到父母的尊重，从而信任父母，对父母的管教也会积极配合。

尊重孩子可以引导孩子提高思考、思辨的能力。随着孩子一天天地长大，孩子开始对这个世界思考，开始用自己的眼光解读所经历的每一件事情。在这个过程中，经常会出现孩子和父母的认知不一致的情况。孩子们会对父母世界的事情产生不可思议的疑问和想象，通过自己的思考对父母发表自己的意见和想法。在这个时候，父母如果能够赏识和尊重孩子的想法、理解孩子的心情、倾听孩子的诉说，在孩子想要发表自己的想法和观点时，给予积极的赏识和尊重，那么就会让孩子感受到被尊重的快乐，也会在潜意识中形成自己被重视、自己的观点是合理的等意识。

有了这样的认知，孩子们就会更加努力地思考表达，这样不但让父母可以通过倾听孩子的观点，发现和了解孩子的真实想法，从而纠正孩子成长过程中的一些错误思想，还可以锻炼孩子的思维能力和表达能力。相反，如果因为孩子的观点显得幼稚，父母就不断地嘲笑、制止他们，就会让孩子的思维停滞，也不愿意对父母说出自己的真实想法。

尊重孩子是父母的必修课，对孩子的尊重，应该包括以下几个方面：

第一，尊重孩子的各种权利。1989 年联合国大会通过的《儿童权利公约》，明确规定了儿童的生存权、发展权、受保护权和参与权要受到尊重。父母更要尊重孩子这些权利。儿童的生存权包括生命权、健康权和医疗保健的获得；儿童的发展权是指儿童拥有充分发展其全部体能和智能的权利，具体指信息权、受教育权、娱乐权、思想和宗教自由、个性发展权等；受保护权提出了反对一切形式的儿童歧视，保护儿童的一切人身权利；参与权是指儿童有参与家庭、文化和社会生活的权利。

第二，尊重孩子成长发展的自然规律。这里的规律不仅包括生理上的规律，也包括心理上的发展。孩子们需要自然发展的时间表，父母应该陪伴孩子循序渐进地走完每一个发展阶段。在教育孩子的过程中，许多父母强迫孩子参加各种辅导班，让孩子整天浸在“学习”的环境中，把识字、拼音、算术、外语当成早期教育的全部内容。父母这种片面的认识和盲目的举动，就是背离了孩子的自然发展规律的行为，易产生不良后果。

第三，尊重孩子的独立人格和意识。再小的孩子都会有自己的想法和态度，父母不能因孩子的弱小、对成人的依赖，而无视他们独立人格和自我意识的存在。孩子在两三岁时，其自我意识逐渐形成，他们会提出“我自己来”“我自己做”的要求，并跃跃欲试地尝试着做每一件事，父母要尊重孩子的要求，鼓励他们尝试。随着年龄的增长孩子们会要求自己做出决定，这时候，父母不要给予过多的干预，让他们拥有选择和说不的权利，引导孩子要对自己负责。

第四，尊重孩子的差异，认可孩子的长处。不是所有的孩子都是学习天才，父母应该尊重孩子之间的不同，正视自己孩子的特点，怀着沉稳平常的心态耐心引导孩子，以他们自己的速度成长。

作为父母，一定要看到孩子的优点，懂得欣赏孩子，即使孩子有着与生俱来的弱点，我们也不能放弃他们。因为全世界都可以嘲笑讥讽他，都可以遗弃他，而作为父母的你却不能，只有你才能给他信心和勇气，让他敢于正视自己的弱点，发挥自己的优点，积极健康地对待自己、对待人生。

尊重孩子行之有法

1.尊重孩子的每一个意愿和想法，给孩子一个自主决定的机会。尊重孩子的权利，就是要征得孩子的同意，让孩子有选择的机会，并且在尊重孩子的基础上给予引导，这也是民主家庭中父母为孩子负起的一个责任。

2.父母在决定之前，不妨先听听孩子的意愿和想法，尊重他的选择。

现在的父母们都希望自己的孩子多才多艺，成为一个优秀的孩子。那么，如果让孩子学，一定要仔细观察，再选择一种比较适合孩子性情及兴趣的才艺。千万不要让他一下子接触太多，或强迫他学习没有兴趣的东西，破坏了他以后学习的信心和欲望。

3.停止指手画脚。既然决定将权利交给孩子，就不要在孩子实行时挑三拣四。

4.再忙也要抽出时间和孩子在一起，了解玩耍娱乐对每一个孩子都是必不可少的，愿意经常和孩子一起做游戏。

5.注意你的日常用语，不要随意对孩子说“你是笨孩子”“你是坏孩子”，即对孩子也要习惯说谢谢，让孩子感受到你的尊重。

6.习惯用商量的口吻和孩子对话。商量的口吻会让孩子感觉到自己和父母是处在平等的地位说话。

7.赏识孩子的才能，爱惜孩子的东西，对孩子做的事情表现出兴趣。

8.尊重孩子选择朋友和活动的权利，放手让孩子自己去解决他们间的争吵。

9.称呼孩子的名字；与孩子进行目光交流；通过语言或行动对孩子与众不同的出色表现作出反应。

10.鼓励孩子有独立性，有自己的看法和观点，允许孩子作出自己的选择；允许孩子有自己的隐私。

11.回答孩子提出的各种问题；让孩子把话说完而不将其打断；知道该如何去表达父母的不同意见。认真倾听孩子的话，不要因为太忙太累而简单应付或者嫌麻烦，这样孩子会感受到你在“打发”他。或许有的问题你一时难以回答，请说声“抱歉”，并说明你的原因，表明你的诚意，孩子会理解的。

12.允许孩子犯错误，意识到孩子有其个性；与孩子打交道有灵活性；允许孩子有不同甚至反对的意见。

13.给孩子转变过渡的时间；倾听孩子的问题，并认识到该问题会给孩子的心理造成怎样的压力。

14.给孩子一定的自由空间。孩子成长的每一个年龄阶段都有其特有的身心发展特点和生活内容，父母应给他们一定的自由空间，把原本属于他们的权利还给他们。

15.与孩子平等交谈；认真听取孩子想要告诉自己的事情；征求孩子对某个问题的解决办法；尊重孩子的观点和看法。

16.履行对孩子的承诺。一旦许诺，就一定要实现，让孩子觉得你是可以信赖的。

17.不要当着外人说自己孩子的不好，即使是父母的谦虚也会让孩子伤心。孩子不喜欢被当做谈资，更加害怕父母在外人面前揭自己的短，这会让孩子感觉没有面子，有时孩子会在父母和外人的言谈中接受“我不能让父母自豪”的讯息，挫伤孩子的自尊心。

18.不要让孩子向客人表演。不管孩子愿不愿意，要求他向客人展示什么。这样会让他觉得被摆布。

19.不要随便把孩子和别人比较。比较不仅会使“强”的孩子变得骄傲，使他在别的孩子面前“神气”“特殊化”，而且会使“不如别人”的孩子变得自卑。要多对孩子进行纵向比较，即将孩子的“今天”与“昨天”比较，发现并肯定孩子的每一点进步，哪怕是一点点进步，那也会给孩子带来惊喜与鼓舞。

20.尊重孩子的梦想和情感。哪怕他们的想法在你看来稀奇古怪，你也不能打击他们，而是鼓励他们拥有自己的想法，并且为之努力。你要知道，孩子的想法是会随着情况的变化而变化，他们的理想也会发生变化，但是让孩子善于想象，习惯地去思考如何把想象转变为现实，这样的能力将使孩子受用无穷。

第五章 让孩子知道他能行

“人性最深刻的原则就是希望别人对自己加以赏识。若与我们的潜能相比，我们只是半醒状态。我们只利用了我们的肉体和心智能源的极小一部分而已。往大处讲，每一个人离他的极限还远得很。他拥有各种能力，就看能不能唤出它们。而慷慨的赞美就是唤出它们一部分的一个有用方法。”

——哈佛心理学家威廉·詹姆士

学会赏识你的孩子，可以让蒙尘的金子闪光。每个孩子在情感上，都需要表扬和激励，做父母或是老师，永远要为孩子的长处而骄傲，不为孩子的短处而遗憾，不盲目地拿一个孩子同另一个孩子比较。如果总用孩子的短处同别人孩子的长处比，你就永远没有成就感、自豪感，永远对孩子赏识不起来。

金牌案例：毕加索——“坏学生”的天赋

巴勃罗·鲁伊斯·毕加索（1881—1973），世界最具影响力的现代派画家，一生画法和风格迭变。他的作品对现代西方艺术流派有很大的影响。他是20世纪的艺术史浓墨重彩的一笔，人们称他为“人类艺术史上罕见的天才”。

毕加索从小就很有艺术天赋，他会做惟妙惟肖的剪纸，还创作了许多惊人的绘画作品。左邻右舍都称叹不已，称毕加索为天才。然而，这个“天才”却不是一个优秀的学生，上课对于他来讲简直就是折磨，听课时他不是漫无边际地幻想，就是看着窗外的大树和鸟儿。而且他似乎永远都学不会枯燥无味的算术。他无奈地对父亲说：“一加一等于二，二加一等于几，我脑子里根本就没去想。不是我不努力，我拼命想集中自己的注意力，可就是办不到。”而且他为此成了同学们捉弄的对象，他们喜欢跑到毕加索的课桌前，逗他玩：“毕加索，二加一等于几？”然后看着毕加索呆呆的样子哈哈大笑。就连老师也认为这孩子智力低下，根本没法教，还经常在毕加索父母面前，绘声绘色地描绘毕加索的“痴呆”症状，毕加索的母亲听了又羞又恼，觉得无脸见人。左邻右舍也不再为他的绘画天赋叫绝，而私下议论说：“瞧那呆头呆脑的样，只会画几幅画有什么用。”当时，几乎所有的人都认为：毕加索是一个傻瓜。

面对风言风语的议论和嘲笑，毕加索的父亲仍然坚定不移地相信：儿子虽然读书不行，但是绘画是极有天赋的。他对孩子有真正的理解和赏识。他对儿子说：“不会算术并不代表你一无是处，你依然是个绘画天才。”毕加索看着父亲坚毅的面孔，找回了一些自信。果然，毕加索总是似乎毫不费力就能绘出才华横溢的图画，也渐渐忘记了自己功课方面的“无能”。但是，嘲讽却并没有就此停息，反而愈加猛烈。毕加索脆弱的心灵蒙上了阴影，他变得不爱说话了，更不爱和小伙伴们一起玩耍。这个时候，父亲每天坚持送儿子去上学，一到教室，父亲便把画笔和用作模特的死鸽放在课桌上。父亲成了儿子强有力的心理依靠，似乎离开了父亲，毕加索根本没有勇气去面对生活。以至每天上学，必须得到父亲会来接他回家的承诺后，毕加索才会松开父亲那温暖的手。

作为“坏学生”，在学校关禁闭已成了毕加索的家常便饭，禁闭室里只有板凳和空空的墙壁，可是毕加索却很高兴。因为他可以带上一叠纸，在那里自由地绘画。有了父亲的支持，毕加索每天都沉浸在想象的天地里，虽然功课不好，但他却在绘画的世界里找到了快乐。

父亲的赏识为毕加索插上了自信的翅膀，为他的成功奠定了基础。

案例启示：赏识是一种能力

毕加索是一个幸运的孩子，即使全世界都在嘲笑他，父亲也会义无反顾地支持他、欣赏他，在这样的鼓励中，毕加索获得实现理想的自由天空，为事业的成功奠定了基础。

赏识自己的孩子，让他们在“我是好孩子”的心态中觉醒，自觉形成好孩子的行为模式。父母要善于寻找孩子的优点，避孩子所短，使孩子身心都能得到健康的发展。也许我们的孩子没有毕加索的天赋，但是他们也应该拥有一个充满阳光的成长环境。

当然，赏识孩子不是容忍孩子一错再错的缺点，也不是盲目地溺爱。如果孩子真的有着与生俱来的弱点，千万不要恨铁不成钢，以恶言恶语、冷嘲热讽的态度对待孩子，这会给孩子的心灵造成难以愈合的创伤，相反要给他信心和勇气，让他敢于正视自己的弱点，发挥自己的优点，积极健康地对待自己、对待人生。

案例拓展：他们如何赏识自己的孩子？

美国：养成赞美孩子的好习惯

美国父母很注重对自己的孩子和别人的孩子的赞美和表扬，这已经是一种全民族的风气。美国父母每天对孩子说得最多的话就是：孩子真乖！干得真好！做得漂亮！你是最好的！你是非凡的！你真是妙不可言！你是我欢乐的源泉！为了提醒自己要经常赞美孩子，美国人还会在冰箱上或是门上贴上一张便条，上面写着对孩子最有效的一百句赞美语，让父母一目了然。

美国人的赞美不仅是对自己的孩子，就是对于别人的孩子也不会吝惜赞美之词。一位旅美教授曾在餐馆目睹这样一件事：一位年轻的妈妈带着自己的小女儿在那里吃饭，20 分钟过去了，有一位白发老人，应该是饭店的负责人，特地走到她们的餐桌前，诚恳地对妈妈说：“非常荣幸，亲爱的夫人，我想告诉您，您的女儿今天的表现太好了，不但很安静，就连食物也没有剩下或是掉到地上。她真是个好孩子！”妈妈对女儿的表现也很满意，她不停地赞美自己的孩子“真是个乖宝贝！”母女俩吃完饭要出门时，高高的门把手对孩子而言显然有些高，但是小姑娘一再拒绝母亲的帮助，很努力地踮起脚用力开门，终于将门推开了，在母女俩后面的美国人不时对小姑娘竖起大拇指，称赞孩子做得太棒了！

短短的一个小时内，小姑娘受到不同人的表扬。不仅有来自家长的，也有来自陌生人的。美国人喜欢赞美孩子是因为他们认为儿童在成长过程中，最重要的是培养他们的自信心，有了自信，可以促使孩子克服困难，努力进取，获得积极快乐的人生。让孩子的生活中到处都有赞美是培养孩子自信最好的方法。他们会在赞美中看到自己的能力，找到正确的行为方式。为人父母亲最大的错误，就是忘记赞美孩子，甚至打击孩子的自信心。

美国的相关教育部门曾进行过研究评估，他们认为父母对孩子打击最深、伤害最大的事情，就是经常把“笨蛋！看你那熊样！”“我看你没救了！”“你再学也是那样！”“把你的嘴闭死！”之类的话挂在嘴边。

美国：善于发现孩子的长处，及时给予赞美

美国人认为那些自我感觉良好的孩子容易取得成功。而父母对孩子的赞赏，是孩子最早、最容易获得的肯定。罗伯特是一个普通的美国人，他在自己的儿子很小的时候，就采用了赏识教育，他的教育心得就是：善于发现孩子的长处，给予及时的赞美。儿子两岁的时候，罗伯特和孩子一起玩球。“宝贝，看看你能不能同时拿起这里的三个球。”当孩子第一次拿起一个时，父亲就在旁边说：“你看你可以拿起一个了，太好了！”然后，他鼓励孩子去拿第二个，“宝贝，再试一下，你一定可以拿起第二个的！”最后，当孩子通过多次的努力把三个球都拿起时，父亲表现得高兴极了，“你太厉害了，三个球都可以拿起了！”随即为孩子鼓起掌来，然后一把把他抱在怀里。尽管是一个简单的游戏，父亲在孩子每一次成功时都给予了及时的赞美和鼓励，让幼小的孩子一次次地感受到成功的喜悦以及被肯定的幸福。

随着孩子长大，入学，参加各种社会活动。罗伯特的赞赏教育一直在进行中。一次游泳比赛，儿子因为某种原因输掉了比赛。当孩子内疚地看着看台上的父亲时，他发现父亲并没有因为他的失败而沮丧，反而对他竖

起了大拇指。罗伯特对孩子说：“你的反应比伙伴们都快，哨子一响，你最先跃入游泳池。看，你的优势很明显吗！今后只要在耐力方面多多锻炼一下，你赢得比赛就不成问题了。所以，我依然为你自豪！”

罗伯特的儿子就在父亲的赞美中变得越来越有信心，也越来越勇敢。他敢于尝试新的事物，同时又善于寻找自己的不足。现在，这个很棒的小伙子已经是世界著名大学的学生。

孩子都有自己的优势，父母要做的就是挖掘他们的优势，给予肯定，让他们能够变得出色。

英国：将孩子的优点展示出来

史蒂夫是英国一个中学的副校长，他的大女儿考取了世界著名的剑桥大学，两个儿子也很出色。和他谈起赏识教育，他告诉我们赞美孩子不仅仅停留在口头上，我们要用实际行动来告诉孩子，父母以你为荣。即使在家里，我们也为他们创造一个展示自己的平台。史蒂夫先生在家里最显眼的地方竖立了一块荣誉展板。他和妻子把孩子们从小到大所有的成绩单、奖状、手工艺品和收藏品都放在上面。每一个到史蒂夫家做客的人都会一目了然地看到这块展板，并对孩子们的成就表示惊讶和赞叹，而每当这个时候，史蒂夫夫妇都会不厌其烦地告诉客人，他们的孩子是最棒的，他们以孩子为荣。史蒂夫家的孩子们就是在这样的赞美和父母的自豪中成长起来的。史蒂夫夫妇就是用自己的实际行动告诉孩子，他们是最棒的！孩子们也在赞美中变得越来越自信。最令史蒂夫先生不可思议的是，展板不但是孩子们展示自我的平台，也让姐弟之间的关系变得更好了！他们开始懂得为自己的兄弟姐妹感到骄傲，每次，姐姐有了漂亮的成绩，弟弟们总是会兴致勃勃地带朋友们来参观自己家的展板，然后自豪地说：“看他们多棒！不过，我也可以做到！不是吗？”孩子们不但变得自信，也越来越有前进的动力。史蒂夫先生赞美教育的行为收到了很好的效果！

其实，这样的展板在很多英国人家庭里都有，他们将孩子的成绩为孩子们展示出来，就是要向孩子传达父母对他们的肯定和赞赏。通过展板，孩子们还可以获得更多来自外界的赞美，这对于年幼的孩子而言是一种绝好的鼓励，不但能增强孩子的自信，也会在某种程度上减少孩子们对外界的恐惧。同时，展板也在鼓励孩子不断地超越自己。

赞美不要停留在语言上，父母可以用各种各样的方式向孩子传达自己对他们的欣赏。也许你的一个简简单单的行为就会改变孩子的一生。

北欧：比起聪明，孩子的努力更值得你赞赏

一位到北欧某国访问的学者在当地一位教授家中遇到这样一件事。那天，学者应邀到教授家做客，一进门就看到教授漂亮的小女儿，满头金发还有一双漂亮的蓝眼睛。学者把准备好的礼物送给了孩子，小姑娘礼貌地说："谢谢您！希望您有一个愉快的下午。"这个既懂事又漂亮的小姑娘让学者很开心，情不自禁地夸奖道："你真是一个漂亮的小姑娘!"这样的赞美通常会让中国父母心花怒放，可是北欧教授似乎并不领情！等到女儿回到自己的屋子后，这位教授很严肃地对访问学者表示不满，"您伤害了我的孩子，您需要郑重地向她道歉!"访问学者很惊讶，"我只是赞美她漂亮，没有要伤害她呀?"教授摇摇头说："就是因为您说她漂亮！可是，您知道人漂亮是孩子的基因决定的，是父母给予孩子的，并不是孩子自己的努力获得的。我的孩子还小，没有什么分辨的能力，如果我们总是赞美她漂亮，她就会认为漂亮是她的功劳。一旦她开始意识到漂亮也是值得骄傲的本钱，那么她可能会歧视那些长相平平的孩子。或是妒忌那些比她还要漂亮的人，因此您的赞美很容易让我的孩子走进成长的误区！其实，您完全可以赞美孩子的懂事或是懂礼貌，我认为她做得很好，值得赞美！不是吗？所以，我希望您可以为您刚才的行为向我的孩子道歉!"

教授的话对学者影响很大，他问教授："这里的家庭都和你的看法一样吗?"教授笑笑回答："当然，这是大家都懂的道理。我们通常会赞美孩子，也希望别人能够如此，但是作为父母，我们更加希望孩子是通过自己的努力获得赞美，这样对孩子的能力是一种肯定，也会激发孩子向前的信心。"于是，访问学者诚心地向小姑娘表示了歉意，同时也赞扬了她的礼貌和微笑。

先天的优势是上帝的财富，是用来感恩的，而不是用来炫耀的，只有通过自己的努力获得的技能才是孩子最值得赏识的地方。如果你要激励孩子在学习上更上一层楼，不要总是说他聪明，而是告诉孩子，他的刻苦和努力是值得骄傲和肯定的。

德国：欣赏敢于和父母“顶嘴”的孩子

中国人向来不喜欢“顶嘴”的孩子，可是德国的父母却很希望自己的孩子能和自己争辩。在他们看来，敢于和父母争辩是孩子的一个优点。对于这样的孩子，德国父母总是给予极大的鼓励。因为争辩可以让孩子变得自信、独立，也可以让孩子和父母走得更近。在争论中孩子感觉到父母讲正义、讲道理，他们会打心眼里更加爱你、依赖你、尊重你。你要孩子做的事，他通过争辩弄明白了，会心悦诚服地去做。你有难题，孩子参与争辩，也能启发你。在这样的一个互动的过程中，孩子会逐渐感觉到自己能力得到认可，长大后会比较自信、有创造力和合群。

卢卡斯是一个九岁的德国男孩，一天清晨，他和妈妈因为吃早饭吵了起来。“吃完了你的早餐，才能去做你的事情。”妈妈告诉儿子。可是，卢卡斯显然不满意妈妈的安排，他生气地把椅子往后一推，顶了一句：“为什么？我的事情要比坐在这里吃早餐重要得多！我们为什么总要做这些没有用的事情呢？”孩子的顶嘴虽然很让妈妈生气，但是卢卡斯的妈妈并没有对着孩子发火，相反，她对孩子说：“那好吧，告诉我你的理由！”卢卡斯生气地说出自己的想法，妈妈告诉他，自己很同意他的想法，但是吃早饭才能让他的事情完成得更好，并且建议他：如果赶时间，那我们可以吃一种比较简便的早餐！当问到卢卡斯的妈妈为什么能够容忍孩子和自己顶嘴，还能心平气和地听他说话时，她告诉我们：“孩子敢于和我们争辩是值得庆祝的事情！在争辩中孩子就有机会估量自己的力量，当他们的思考可以争辩过父母时，他们的自信就会获得极大的满足。”

汉堡心理学家安格利卡·法斯博士认为，儿童和父母的争执，是在试验他的能力极限在何处。同父母拌嘴能使孩子有机会学会估量自己。争辩是摆脱儿童无方向状态的一个途径，可以使他们知道自己的能力和界限在何处。当孩子看到自己的能力时，他们就会在对抗中感觉到自己受到重视，知道怎样才能贯彻自己的意志。让儿童变得自信和独立。因此，法斯认为："隔代人之间的争辩，对于下一代来说，是走上成人之路的重要一步。"

拓展链接：

赏识教育行之有理

关于赏识教育，20 世纪美国著名的心理学家罗森塔尔曾做过一个著名的实验来印证。罗森塔尔和助手来到一所小学，声称要进行一个未来发展趋势测验。首先，他给全校学生做了一次智力测验，测验后，他并没有给收上来的测验打分，而是在这些班级中随便选出了 20%的学生，并以赞赏的口吻告诉老师，这些学生在测验中得分很高，是班上最优秀的，在学习上具有极大的发展潜力。对其余 80%的学生则没有评价。老师们对罗森塔尔的话深信不疑，认定这 20%的学生的确是可教之材。根据罗森塔尔的要求，校长又把三位老师叫进办公室，对他们说："根据过去三四年来的教学表现，你们是本校最优秀的、最有潜力的老师。为此，我们特别挑选了这批全校最聪明的学生让你们教。这批学生的智商比同龄的孩子都要高，希望你们取得更好的成绩。"

8 个月后，罗森塔尔再次来到这所学校，奇迹出现了。凡被认为是最优秀的学生，成绩都有了较大的进步，且各方面都表现得很优秀。被赏识的学生在智商上有了明显的提高，这一点在智商中等的学生中表现得尤为显著。从教师所做的行为和性格鉴定中可知，被赏识的学生表现出了更强的适应能力，更大的魅力，更强的求知欲。这时候，校长告诉老师们真相：这些学生并不是刻意选出来的，而只是随机抽选出来的普通学生。三位老师万万没有想到事实会如此，只有归功于自己教育得好。校长没有告诉他们另一个真相：他们三个也是在教师中随机抽选出来的。显然，罗森塔尔的权威性谎言发生了作用，因为这个谎言对老师产生了暗示，老师们相信专家的结论，相信那些被指定的孩子确有前途，于是对他们寄予了更高的期望，投入了更大的热情，更加信任、鼓励他们。这份名单左右了老师对学生能力的评价；而老师又将自己的这一心理活动通过自己的情感、语言和行为传染给了学生，使他们强烈地感受到来自老师的关爱和欣赏，随之变得更加自尊、自爱、自信、自强，从而使各方面都得到异乎寻常的进步，因而比其他学生更努力，进步得更快。而这三位老师也觉得自己很优秀，充满了信心与自豪，工作中自然也就格外卖力，而且他们认为学生也是好学生，肯定会有好的结果。结局自然就皆大欢喜，全都真的优秀起来。人们就把这种效应称为罗森塔尔效应。

罗森塔尔的实验表明：一个人对另一个人智慧成就的预言，会影响甚至决定另一个人的智慧成就。自己信任和崇拜的人对自己的赏识，更能够给予自己无穷的力量。每一对父母是孩子最初崇拜的对象，因此，父母的赏识在某种程度上可以影响孩子对未来、对人生的选择。年幼的孩子对自己的认识和评价大多是依据他人对自己的评价而得来的，因为他们幼小的心灵还无力形成对自己稳定的评价。因此，父母的批评或表扬，会在很大程度上影响孩子的情绪和行为。

赏识教育行之有法

赏识孩子之间的差别，这是赏识教育的前提条件。父母们必须明白，每个孩子都是独一无二的，他们之间存在着性格和能力的不同。父母不要用同一标准来要求孩子，也许你的孩子在数学上表现一般却有绘画的天赋。父母应当接受并承认孩子之间的差异，帮助孩子学会取长补短。

不要吝啬赞美之词。生活中，父母应该学会时时赞美你的孩子。当孩子在尝试新的事物时，要不断地对孩子说："你一定会办到的!"给不安的孩子一个定心丸和适时的鼓励。英国的心理学者哈德菲尔德表示："人在自信的情况下，可以把自己的能力发挥到500%以上；相对于没有自信且自卑的人，只能发挥出自己能力的30%。"不管是多么小的事情，孩子只要是有一点进步，都不要吝啬给予赞美。父母的肯定可以直接造就孩子无限的自信感。每个孩子都是天才，父母要做的就是善于找到孩子们的长处，通过自己的赞美让孩子认识到自己的优势，涉及自己的未来。

赞美孩子努力的过程，不要总是强调结果。父母的赞美应该是明确地告诉孩子他们哪里做得好，不要总是用“好棒啊”或“好漂亮呀”的话敷衍孩子。你可以告诉孩子，“这都是你做的，真好!”“宝贝真有礼貌，妈妈为你骄傲。”“你真的做到了，太棒了!”这样不但肯定了孩子的努力过程，也肯定了孩子的能力，孩子也会因此受到莫大的鼓舞，对自己也更有信心。

赞美孩子的行为，而不是本人。父母不要总是用“好，乖”来夸孩子的性格，因为从不同方面夸孩子，更能让孩子懂得什么是对，什么是错。你可以对孩子说：“你这样做很好，你如果改掉这个毛病会是一个很好的孩子。”对事不对人更能鼓励孩子进步。

赞美孩子的每一次成功。父母要看到孩子的每一点进步，并给予肯定。

对不同年龄的孩子应用不同的方式赞美。

给孩子创造赢得赞美的机会。鼓励孩子们在家庭聚会时表演节目，然后父母适时地对孩子的表演进行赞美。让孩子看到自己的能力并得到认可，让父母的赏识落到实处。

学会通过第三者对孩子予以赞美。

赞美要及时。父母如果喜欢孩子的某种态度和行为，那就要及时赞美，赞美得越及时效果就越好。

赞美要真实。父母对孩子的赞美一定要名副其实，如果父母告诉孩子他做得很好，而他知道这不是真的，父母的可信度就打了折扣。以后即使是真诚的鼓励也会让孩子怀疑。

赞美要有行动。对孩子的赞美不仅要用语言让他们感受到父母的开心，更要用行动表达父母的自豪，哪怕是一个简单的拥抱都可以让你的赞美显得更加真实和富有情感。

第六章 让孩子能够独立自主

为了成功地生活，少年人必须学习自立，铲除埋伏各处的障碍，在家庭要教养他，使他具有为人所认可的独立人格。

——戴尔·卡耐基

独立自主是健康人格的表现之一，它对孩子的生活、学习质量以及成年后事业的成功和家庭生活的美满都具有非常重要的影响力。父母应该有意识地培养孩子独立自主的习惯，让他们拥有自己的主见。从小就独立的孩子是自信的，从小就独立的孩子走入社会才能从容不迫，游刃有余。

金牌案例：做人要有主见

1979年5月，撒切尔夫人作为英国女首相搬进举世瞩目的唐宁街10号时说："我的一切成就都归功于我父亲罗伯茨先生对我的教育培养。"

玛格丽特·撒切尔夫人，一个出身平民的女子，成为英国历史上第一位女首相，而且连续三次当选。她在重大国际、国内问题上，思路清晰，观点鲜明，立场强硬，做事果断，在相当长的一段时间里影响了整个英国乃至整个欧洲，被誉为欧洲政坛上的"铁娘子"。撒切尔夫人绝非政治天才，她的性格、气质、兴趣等都深受父亲的影响，她的人生之路的成就都源于父亲有意识培养起来的独立自主的意识！

在玛格丽特很小的时候，父亲就有意识地培养孩子独立自主的意识。在家里，父亲要求玛格丽特必须独立做家务。10岁时就在杂货店站柜台。在父亲看来他给孩子安排的都是力所能及的事情，所以不允许女儿说"我干不了"或"太难了"的话，父亲借此培养孩子独立的能力。

随着年龄的增长，父亲开始逐渐告诉孩子：做人要有独立的思考，不可以盲目地迎合别人。玛格丽特上学了，她惊讶地发现：她的同学有着比自己更为自由和丰富的生活，劳动、学习和礼拜之外的天地竟然如此广阔而多彩。她的同学可以与他们的朋友一起在街上游玩，可以做游戏、骑自行车。星期天，他们又去春意盎然的山坡上野餐，一切都是那么诱人，那么令人愉快。这些都深深地吸引着年幼的玛格丽特，她开始幻想与同学们自由自在地玩耍。有一天，她回家鼓起勇气跟充满威严的父亲说："爸爸，我也想去玩。"父亲严肃的脸色一沉，说："你必须有自己的主见！不能因为你的朋友在做某件事情，你就也得去。你要自己决定你该怎么办，不要随波逐流。"见孩子不说话，父亲缓和了语气，继续劝导玛格丽特："孩子，不是爸爸限制你的自由，而是你应该要有自己的判断力，有自己的思想。现在是你学习知识的大好时光，如果你想和一般人一样，沉迷于游乐，那样一定会一事无成。我相信你有自己的判断力，你自己做决定吧。"

听罢父亲的话，小玛格丽特再也不吱声了。父亲的一席话深深地印在了她的脑海里。她想：是啊，为什么我要学别人呢？我有很多自己的事要做呢。刚买回来的书我还没看完呢。

罗伯茨先生的独立教育让小玛格丽特学会自己独立地思考，她开始认识到，做人要有主见，有自己的理想，特立独行、与众不同最能显示一个人的个性；随波逐流只能使个性的光辉淹没在芸芸众生之中。而这种独立意识让玛格丽特拥有了高度的自信，独立不羁的个性使她常常有一种心理优越感，一生受益无穷。

正是罗伯茨对女儿独立人格的培养，才使撒切尔夫人从一个普通的女孩，最终成为一位连任三届英国首相、执政十二年，在世界政治舞台上叱咤风云独霸一方的政治家与"撒切尔主义"的创始人。

案例启示：独立教育的魅力

孩子是独立的个体，他们需要有独立的思考和理想，父母要做的就是引导孩子形成自我的人格，让他们拥有在社会上拼搏的高度自信，而不是要孩子随波逐流或是永远生活在父母的羽翼之下。

撒切尔夫人的父亲、罗伯茨先生显然看到了这一点，从做最小的家务活开始，让孩子逐渐脱离对父母的依附，他让孩子明白每个人都应该完成力所能及的事情，而不是等待别人为我服务。随着孩子年龄的增长，罗伯茨先生有意识地灌输给孩子独立思考的概念，让孩子学会给自己拿主意，为自己负责。罗伯茨先生的独立教育就是要孩子从小就明白，做人要为自己负责，要有自己的理想，切不可人云亦云。

案例拓展：他们如何让孩子独立起来？

美国：自我服务意识的培养

从小培养孩子的独立性，是美国家庭教育最重要的一点。在美国，一岁多的孩子基本上都是自己吃饭，父母将孩子“绑”在椅子上，把食物放在小桌上让孩子自己用小刀叉吃饭。在幼儿园，几个月大的孩子竟然要独自喝水喝奶，两岁以上的孩子全部用刀叉吃饭。在大街上你基本上看不到父母抱着孩子的情形，已经会行走的孩子，总是跟在大人的身后蹒跚而行。

对于培养孩子的独立性和自力更生精神，美国父母开始得更早，在孩子还是婴儿的时候就开始进行自我服务的训练。自我服务技能的掌握，不但可以增强婴幼儿的独立性和成功感，还可以使婴幼儿和家长双方受益。美国婴幼儿的自我服务技能包括：系鞋带、穿衣服、扣纽扣、拉开或拉上拉链、洗脸、刷牙、梳头、吃饭、上厕所，等等。父母训练 4 岁孩子穿鞋、脱鞋时，他们总是会给孩子提供比实际穿的稍大一些的鞋子，让穿、脱的工作完成起来变得容易。让幼儿向瓶子里倒牛奶，父母最先给孩子的总是广口瓶，以便让孩子可以轻松地完成任务，在完成任务的同时获得成就感。

值得注意的是，美国孩子的自我服务培训，不是超常训练，而是要孩子完成力所能及的事情，目的是让适龄孩子明白，自己能够完成的事情就应该自己独立完成，而不是等待别人去做。美国幼教工作者在长期观察和研究的基础上提出：18～24 个月之间的婴儿能够学会自己用杯子喝水，能够拣起玩具；2 岁至 3 岁的婴儿能够学会控制大小便，会用叉和勺吃饭，能够比较熟练地穿脱衣服、开合拉链；3～4 岁的幼儿，其独立性有所增强，上述技能更加熟练，几乎不用成人的帮助，自己会扣纽扣、系鞋带、吃饭、洗脸、刷牙等；5～6 岁的幼儿，能学会自己洗碗，能够整齐地保管自己的东西，独立性大大增强。美国的父母就据此培养孩子的独立性。

美国：即使是孩子也要劳动

让孩子做力所能及的劳动是培养孩子独立自主的有效手段。父母从孩子小的时候就让他们认识劳动的价值，让孩子自己动手修理、装配摩托车，到外边参加劳动。

在家里，父母每周都会给孩子罗列出要干的家务活，将其中的一些特定任务指定某一孩子去干，确定完成任务的期限。美国的父母常常让孩子尝试不同的工作。孩子们轮流干某些活儿，让每个孩子都有机会去做最没有兴趣或最容易干的工作；检查孩子的完成情况。美国人认为，让孩子干家务不但是让他们能够拥有自立的意识，更重要的是让孩子懂得一个独立的人是应该承担相应的责任和义务的。

美国孩子根据不同的年龄段承担不同的家务劳动，一般而言，5 岁的孩子要帮助妈妈摆饭桌；6～7 岁的孩子要学会折叠洗净的衣物；8～10 岁的孩子应该负责擦拭家具、拖地板，每天还要给家里的植物浇水、种花、清扫树叶；11～13 岁的孩子则要懂得如何洗净及烘干衣物、用吸尘器吸地、整理冰箱的食物；14 岁的孩子要负责洗汽车，懂得用微波炉热食物，学会使用炉子和烤箱和用割草机割草。

除了必要的家务劳动外，美国的孩子还常常在外面寻找工作机会，夏天替人推割草机，秋天帮人扫落叶，冬天帮人铲雪。对此，父母总是持鼓励的态度，在他们看来孩子们能用自己的劳动获得认可，就是孩子自立的最好证明。15 岁的詹妮弗已经在一家酒吧工作一段时间了，当问到她为什么要出来工作时，她告诉我们：“我已经长大了，我要用自己的劳动换取收入。”

日本：不能给别人添麻烦

在日本，在孩子很小的时候，父母就给他们灌输一种思想：“不要给别人添麻烦”。孩子们从小就要学会自己全力以赴地做好自己的事情，假手别人是一件可耻的事情。在日本，全家外出时，不管多小的孩子都会背着一个小背包，用来装自己的东西。因为父母告诉他们：“你自己的东西需要你自己来背！”父母还会鼓励孩子自己布置自己的房间，自己去商场选购玩具、衣服。父母要做的事情就是事先定出一个金额，然后让孩子自行决定去哪里买，买什么，怎样买。年长一点的日本孩子，大部分衣服他们自己能够独立地上街购买衣服，而且会货比三家，精打细算。

当孩子上学以后，大多数日本的父母都会鼓励孩子去勤工俭学，或是在饭店端盘子、洗碗，或是照顾老人，做家庭教师，以此来赚取自己的学费或是生活费。日本的父母认为，这样的工作不但可以让孩子懂得自己的花费要用自己的劳动获得，更重要的是，这样的工作会让孩子了解社会，适应社会，更早独立。

瑞士：做女佣的孩子

瑞士的小姑娘们大多有当女佣的有趣经历。瑞士姑娘艾玛虽然只有十八岁，可是她已经做了半年的女佣。半年前，艾玛初中毕业之后，父母就把她送到当地一家很有教养的家庭里做女佣。难道艾玛的父母是因为家里贫困才出此下策的吗？当然不是，艾玛的父母都是大学教授，她的家族在当地也颇有威望，即使如此艾玛依然需要做一年左右的女佣人。用艾玛父母的话说，这样的劳动可以让孩子锻炼劳动能力，寻求独立谋生之道，尽快地自立。另外，与家教很好的雇主相处也可以让孩子学习更多社交礼仪和社会知识，等到孩子走向社会的那一天，就不会因为畏惧而退缩。很多瑞士父母就用这样的方式让孩子变得独立、自理。

现在，艾玛已经是一个高中生，但是她仍然坚持自己的女佣生活。每天上午，艾玛都会去雇主家劳动，帮助照顾老人或是照料植物。下午艾玛再赶到学校去上学。有些父母说，这样的生活对孩子来说是不是太辛苦了？会影响学习的。艾玛告诉我们，女佣的职位不但可以为她换来学费，让她能够自立，要知道长期依靠父母过寄生生活的人，可是最没有出息的，而且艾玛在雇主家还能够提高语言能力。瑞士有讲德语的地区，也有讲法语的地区，艾玛住在德语区，她从小接触到的语言就是德语，而艾玛服务的雇主则是讲法语。自然而然，艾玛在工作中，法语也变得精通了。掌握了两门语言，不但对她的学业很有帮助，而且就算是以后想去办事处、银行或商店工作也很容易。

瑞士人让孩子做女佣就是要孩子从小独立，即使是女孩子也应该有自己谋生的手段，而不是依赖别人。

英国：让孩子自己决定冷暖

“I can do it.”这是英国孩子常说的一句话。英国人说，替孩子做他们能做的事，是对他们积极性的最大打击。史蒂夫是一个上三年级的小男孩。一天，他要到山里参加为期两天的野营。史蒂夫骄傲地告诉妈妈说自己能准备行李，然而出发前，妈妈发现他没带够衣服，而山里比市里要冷得多。妈妈向史蒂夫提出自己的看法，可是小史蒂夫拒绝再带任何衣服，妈妈也没有坚持。

两天后史蒂夫回来，妈妈问他玩得开心吗？他说：“我该听妈妈的话，山里很冷。”妈妈问，下个月我们要去佛罗里达也带同样的衣服吗？史蒂夫想了想说：“那不用，佛罗里达很热。”妈妈说：“外出前你应该先了解一下当地的天气情况，再作决定。”史蒂夫说：“我知道了。我下次野营时应该先列个单子，就像爸爸出差前一样，那样就不会忘带东西了。”

也许有些父母会质疑这位母亲的做法是不是不合情理，可是这位母亲却说道：“孩子的冷暖当然要他自己去感觉，如果一个人的冷暖凉热都要父母来决定，这个人的生存能力一定很弱。”

给孩子一个机会，让他们在尝试中得到经验，在不断的错误中积累经验与勇气，这是大部分英国父母都会做的。

俄罗斯：孩子怎么玩是他自己的事情

俄罗斯幼儿家庭教育的一个重要内容就是培养孩子的独立意识和克服困难的勇气。小孩子们在一起玩，你追我赶，打打闹闹，有的不慎跌倒了，甚至破了皮、流了血，疼得直流眼泪。他们的父母看见了，常常也只是察看一下伤痕，轻轻擦一下，然后就让他们站起来继续玩，仿佛根本是不值一提的小事。

对于孩子要做的事，父母亲一般不加干涉。放手让他们自己去做。玛莎是个漂亮的俄罗斯小姑娘。一次她过生日收到了一盒彩色蜡笔，小玛莎拿了蜡笔，就一个人玩开了。一会儿，她就把蜡笔摔得满地都是，还在大人的书上、纸上乱涂乱画，她的爸爸妈妈看了只是笑。

不一会儿，她玩腻了，就爬沙发上的扶手。扶手很难爬，爬上去也很危险，我的心里很担忧，但满屋大人只是远远地看着她爬。她好不容易爬上了扶手，刚想站起来，脚下一滑，一下子头朝下，跌倒在铺有地毯的地板上，嗷嗷哭叫。我见了都心疼，而那些大人却哈哈大笑。她的妈妈走过去，鼓励她自己站起来，让她再去爬。

俄罗斯人对孩子们的“玩”不加干涉。他们认为：“孩子们的兴趣同大人的完全不一样。怎么玩、玩什么，是他们自己的事情，应该让他们自己决定。”

韩国：“狼型”教子法让孩子学会独立

刚出生不久的幼狼经常会被公狼叼到坑边、沟边，让幼狼从跌倒的困境中想办法找到爬上来的路。公狼和母狼即使看见幼狼遇到困难，只是远观而非干涉，只在面临生命危险时，才去把它叼起来。它们保持着保护的安全距离，却不是零距离，这同样也是一种爱的距离，只有在这种距离之下，幼狼才能学会独立。

韩国父母借鉴狼的育儿方法培养自己孩子的独立能力。一次，崔智银的爸爸带他到游乐场玩。崔智银很想玩空中缆车，这是一个很刺激的游戏项目，崔智银心里难免有些害怕，他很希望爸爸和他一起去玩。可崔智银的爸爸却拒绝了儿子的要求，他鼓励孩子："男子汉应该自己去闯。"崔智银只好独立去玩，而爸爸则是远远地站在入口处等他。崔智银一上了缆车，就开始害怕，他大声地喊爸爸，可是他的爸爸好像完全没听见一样，毫不理会害怕的儿子。旁边一个孩子的父亲看不下去，以为崔智银的父亲是没有钱买票，于是就走过来提出主动给他买票，让他陪儿子一起玩。可是，崔智银的爸爸说："谢谢你的好意，我已经买了门票。但是，我依然要让孩子独自完成这个游戏，我只是想要孩子明白，既然他选择了玩这个游戏，那么，他就要独立面对惊险和自己的恐惧，并学会调整解决自己的情绪问题。"

崔智银的爸爸就是采用"狼型"教子法，他相信这样做最终会把孩子培养成像狼一样坚毅、勇敢、自强自立的人，反之，却可能培养一个在社会无法生存，无法自保的人。

比利时：让孩子自己处理麻烦

让孩子自己解决遇到的麻烦，这是教育孩子独立的重要一步，我曾经目睹一位比利时朋友的家庭教育，很受启发。

一次，同一位朋友一家骑车去郊游。出发前，我看到他们的独生儿子独自一个人在一边收拾自己的东西，我很好奇地问朋友，不需要帮助孩子吗？朋友告诉我："我们为什么要帮助他呢？只有他自己知道自己需要什么东西，也只有他自己可以决定自己要带什么东西，我们不能帮助他做决定，不是吗？"

一行人出发了，我看到小朋友得意扬扬地背着自己的小书包，但骑在车上并不快乐。可是，走到半路，小朋友的自行车忽然抛锚了。我正要下车帮他修理，却被朋友一把拉住，告诉我："孩子的事不要随便插手，他自己能解决！"果然，只见小朋友不慌不忙下了车，检查了一番，抬起头告诉我："不要担心，只是链条脱位了。"接着告诉我们：希望我们可以等他一会儿，他很快就可以处理好。得到我们的同意后，自己埋头修起车来。朋友则拉着我到一边悠悠闲闲地聊天、看风景，一点儿也不担心正在修车的儿子。半个小时过去了，小朋友告诉父亲，他已套上了脱位的链条了，希望父亲能帮他检查一下。朋友这才走过去看儿子，用手转动了一下踏脚板，验收合格，然后招呼我们一起上路了。

事后，我问朋友为什么不帮助孩子上车链子？朋友却说："他们应该学会自己解决问题，做父母的不可能时时跟在孩子身边为他们排忧解难，因此，要想让孩子在遇到问题时沉着应对，就要在平时教会他们独立面对和解决棘手的事。父母只需要给他们必要的意见和建议就好了。"

拓展链接：

独立教育行之有理

联合国教科文成员在向联合国教科文组织提交的报告中提出了教育的"四大支柱"，即学会认识、学会做事、学会共同生活、学会生存，而其中任何一个"学会"都离不开主体的"独立性"。因此，父母培养孩子具备"独立性"，被视为面向未来、培养新一代的主要目标之一。

让孩子学会独立自主是当今社会对孩子的要求。独立性是现代化人格素质的重要方向，其内涵是：在生活上能自理，在学习工作中能独立完成各项任务，碰到问题和困难能独立自主地作出决策并付诸实施，不轻意接受他人的暗示或意见而改变主意。独立是一个人在没有被压迫的情况下自觉自愿的行动倾向。独立是生存的基本条件，有独立性的人不仅善于行动，而且善于思考，能根据事情的合理性安排自己的行动步骤，不能独立就只有沦为附庸了。一个缺乏独立性的孩子是无法适应现代社会的，因为今天的幼儿长大后将面对的是：急剧的社会变化，迅猛的科技发展，他们需要具备独立思考、判断和解决问题的能力，否则将难以生存和发展。

让孩子学会独立自主是儿童自身心理发展的要求。健康的幼儿本身就会有独立的需求。儿童学家发现：健康幼儿在 3 岁前就有意志萌芽，能初步借助言语来支配自己的行动，出现独立行动的意愿，他们会用“我要……”“我自己……”“我想……”来表达自己渴望独立的想法，或者按自己的方式行事。对于父母的叮嘱，他不再全听，经常说“不”。如果父母可以把握孩子这个时期的心理特点，在保证孩子安全的前提下，放手让孩子去做力所能及的事情，并适时地提供给他适当的帮助、指导和赞美，就会让孩子逐渐变得自立、自信，相反如果严格限制孩子的行为，这也不许做，那也不能动。孩子就会在父母的限令中变得畏惧，看似教孩子守规矩，实际是阻碍了孩子自主性的发展，会使他变得羞怯、疑虑、失去自信。

独立教育行之有法

1.培养孩子独立意识需要建立亲密的亲子关系，让孩子充分感受到爱。因为独立自主性的培养，需要以孩子的信任感和安全感为基础。只有当孩子相信，在他遇到困难时一定会得到帮助，他才有可能放心大胆地去探索外界和尝试活动。因此，在孩子活动时，家长应该陪伴在身边，给予鼓励。

2.培养孩子独立意识就是让孩子懂得做人的价值，明确自己的责任。让孩子独立去处理一些他们力所能及的事情，懂得为他们的行为后果负责。有关孩子的事情，让孩子自己决定。

3.培养孩子独立意识从日常生活的点滴做起。让孩子多从事力所能及的家务劳动，孩子的事情尽量让孩子自己去做。孩子很小的时候，就要让孩子单独吃饭、睡觉、洗自己的小手帕，帮助父母摆碗筷，收拾家务。孩子上学后，要告诉孩子他们现在是学生了，应该更懂事，要承担更多的责任。要求孩子不仅要把自己的事情努力做好，而且还要为家里做一些力所能及的事情，如扫地、叠衣服、择菜、取牛奶、倒垃圾、盛饭等。只有从一点一滴的小事做起，孩子才能在长大后独立自主地生活和工作，才能不断增强孩子独立自主的自信心，只有这样，他才会在遇到挑战时不会不知所措。

4.培养孩子独立意识还要求父母为孩子提供自主的机会，孩子的独立性很大程度取决于自主的能力。

(1) 父母应该支持孩子的正当行为，比如让他们按自己的方式布置自己的房间，和同学一起踢球，参加科技小组等。父母不应过分担心孩子的能力，禁止或限制孩子的正当活动，这样会打击孩子独立活动的积极性。

（2）给孩子活动的空间。孩子的独立自主性是在独立活动中产生和发展的，要培养独立自主的孩子，就应该为他提供独立思考和独立解决问题的机会。

（3）允许孩子提出自己的看法。孩子毕竟是孩子，他们眼中的世界与我们成人眼中的世界是不同的。他们解决问题的方式及能力也许不合乎我们的观念，但是我们要用一种欣赏的眼光看待它。一个欣赏的眼神、一个鼓励的行动，都能给孩子无穷的力量。孩子会在这些眼神和行动中更积极地解决遇到的问题。

5.有意识的培养孩子自我管理的习惯。

（1）让孩子学会生活自理。从小就要给孩子灌输：自己的事情自己做的观念。引导孩子自己穿衣、穿鞋，自己归整玩具等日常用品，自己整理书包。

（2）让孩子自己安排自己负责。父母应该习惯引导孩子为自己制订计划，让他们懂得自我规划的重要性。孩子小的时候，父母可以在抱他出门之前，让孩子想想要带什么？经过几次提醒，孩子就会主动想起戴帽子、穿外套。孩子长大一些，有了自己的思考后，父母不妨让孩子安排旅行的次序，安排随身携带的物品。当孩子的安排出现问题时，比如要带的东西没有带，孩子很可能会出现迁怒，这时父母千万不能自揽责任包办代替，而要让孩子意识到这是自己安排失当，要学着负责到底。同样，经过几次提醒、教育，孩子就会有了“负责”的意识。

6.让孩子自己面对困难。孩子遇到问题，父母不要马上上前帮忙，而是鼓励孩子自己用思考来解决自己的问题。孩子跌倒了，鼓励他自己爬起来，车子坏了，让他自己发现问题。这样做，可以让孩子逐渐养成独立思考的意识，提高应急处理能力。父母帮助孩子的机会越少，孩子自我动手、动脑的机会就会越多，将来适应社会的速度也越快。

7.让孩子学会独立思考。孩子提出问题，父母通常的做法是立刻告诉他答案。这样看起来简单又省事，但这样的孩子长大以后，就不会想问题，总希望别人能提供现成答案。这直接妨碍了孩子在智力劳动上的自主性。父母不妨引导孩子自己去寻找问题的答案。孩子问你一个字，你可以暂时不告诉他，而是和他一起查字典。几次之后，孩子再有不认识的字，他也不来问了，而是自己去查字典。

8.给孩子一个独立自主的好榜样。榜样的力量是无穷的。如果你自己就是一个处处依赖他人，对什么事都拿不定主意、动不动就寻求帮助的人，那你不要指望你的孩子能够独立自主。你的一举一动，还有你的品质，都是孩子模仿和学习的榜样。所以，先从你自己独立自主做起吧！

9.有效的表扬，激发孩子自立的潜力。在培养孩子的独立性时，父母应经常运用有效表扬的方式来强化他们的行为。哪怕孩子只是穿好一只鞋，父母也要告诉孩子：你做得很好。父母对孩子做出的努力给予充分的肯定，并鼓励和要求他们去克服困难，坚持自己去独立做事。

10.制定适当的规则，培养孩子独立自主的精神。如果孩子依赖成性，可以定下一些规则，例如“不洗澡就不准上床”。如果孩子不听劝告，父母可以不理睬他的抗议。确立规则时不要带有责备的语气，也不要重复唠叨，只要以行动来证实就可以了，也可以求助于医生、老师等具有权威性的人，这些人更能使孩子明白自我服务的重要性。如孩子不肯刷牙，可以直接带他到牙医那里，让他看看病人的痛苦。然后让医生告诉孩子，这些病人小时候不好好刷牙，现在就要补牙、拔牙，还要打针吃药。在孩子认识到“惨痛”的教训时，再教他们如何保养牙齿、如何养成正确的习惯。

第七章 让孩子学会和金钱打交道

如果你在花钱方面能够给孩子提供明确而实用的指导原则，你就更可能培养出将来能够在竞争激烈的商品社会中站住脚的孩子。

——贝弗利尔·菲尔德曼

理财是一种生存技能，让孩子学会理财是非常现实的选择。家庭教育的目的不是想让孩子成为拜金主义者，而是让孩子拥有市场经济的头脑，懂得正确认识金钱以及如何运用金钱的规律，去创造财富，使自己过上富足自由的生活。

金牌案例：一个小账本的故事——洛克菲勒的家庭教育

约翰·D·洛克菲勒（1839—1937），是美国实业家、慈善家和美孚石油公司创办人，他是有史以来第一位亿万富翁，美国最著名的企业王朝的创建人。一方面，他创建的标准石油公司，在巅峰时期曾垄断全美80%的炼油工业和90%的油管生意。另一方面，洛克菲勒笃信基督教，以他名字命名的基金会，秉承“在全世界造福人类”的宗旨，捐款总额高达5亿美元。

约翰·D·洛克菲勒于1839年7月8日诞生于纽约州，1852年全家移居俄亥俄州的克利夫兰。洛克菲勒的父亲是个商业意识极强的人，他用自己的言行影响着小约翰。

小约翰7岁那年，有一次独自去树林里玩耍，正玩得兴致勃勃，忽然在林木深处发现了一个火鸡窝。他心中一动，想出个非常奇妙的主意。于是，他每天一大早就跑到树林子里，悄悄藏在火鸡窝附近，等火鸡暂时离开窝时，他就奔上前去，抱着一只小火鸡就跑。他把抱回家的小火鸡养在自己的房间里，细心照料喂养。他一次又一次，抱回了几只小火鸡。到了感恩节，他就把喂养大了的火鸡，卖给邻近村子里的农民，把赚到的镍币和银币，都放进了蓝色的瓷盒里，然后，他又把盒里的硬币，变成了一张张绿色的钞票。他的做法受到父亲的赞扬。

小约翰 11 岁那年，父亲因涉嫌对家里的女佣施暴被起诉。当法庭要传讯他父亲的时候，他父亲逃走了。父亲逃走后，约翰作为家中的长子，家庭的重担自然落到他的双肩上。他要在田里干活，有时还要挤牛奶。

美国是一个商业意识很强的国家，父子之间的劳务来往也都要计算报酬。约翰他有一个专用于记账的小本子，把自己帮家里干的活量化后，按每小时 0.37 美元入账，全部记在自己的本子上，准备父亲回来后，再向他结账。这事他做得很认真，感到既神圣又趣味无穷。

父亲经常在夜间潜回家中和儿子见面，有时给儿子点钱，约翰都积攒起来。有一次父亲问他："小约翰，你的瓷盒里大概存了不少钱了吧？"父亲望着这个满脑子生意经的儿子喜不自禁。

"我贷了 50 元给附近的农民。"小约翰满脸骄傲地说。

"噢，你攒了 50 元啊！"父亲惊讶了。

"利息 7.5%，到明年就能拿到 7 角 5 分的利息。另外，我在马铃薯田里帮你干活，每小时 3 角 7 分，明天我把小本子拿给你看，其实像这样出卖劳力是很不划算的。"小约翰毫不理会父亲的惊讶，滔滔不绝地说着，一副精明商人的神气。这一年，约翰才 12 岁。

父亲每一次深夜潜回家中，总是不厌其烦地向儿子灌输商业意识："人生只有靠自己，做生意要趁早。"

深受父亲影响的小约翰，12 岁就辍学了，投身于多彩多姿的工商业世界。

小约翰为了寻找职业，敲过银行经理的门，到过他从小就不喜欢的铁路公司，但小商店他绝不愿去。烈日下，他热汗淋淋，奔波了几周，终于找到了一家叫休威的公司。他的工作是会计助理，薪水是每周 3 元 5 角。

约翰是个非常认真的小会计。每当水电工人来清款，老板以前大都是清出多少就付多少，而小约翰却要把每一页都仔细查清后再付款。有一次，公司从弗格蒙特州购进了一批大理石，可是当运来之后打开包装一看，却发现高价购进的大理石竟有瑕疵。这是运输过失，于是小约翰要求运输公司负责赔偿损失。对这件事，老板休戚大为赞赏，他立刻把约翰的月薪提为 25 元，第二年又把他的月薪提到 50 元。

在休戚公司工作的第三年里，约翰准确地掌握了商业信息，果断地收购了一批小麦粉和火腿。休戚的董事长有些担心，埋怨约翰说："你是怎么搞的，竟自作主张买起小麦粉来了，我们公司是以居中介绍抽取佣金和办理货运来赚钱的，投机的生意，可是从来不做的。"约翰从容地说："董事长，根据新闻报道，英国即将发生饥荒，现在乘机把货运到纽约，一定可以赚大钱。另外，我还订购了 80 桶高级火腿呢！"他还购进了玉米、肉干，甚至还买了食盐。公司本来也做住宅、办公室、仓库等的租赁业务，如今仓库里却堆满了约翰所囤积的小麦、玉米、高级火腿等。果然不出约翰所料，不久，英国发生了饥荒，休戚公司把囤积的货物向欧洲市场抛售，获得了巨额利润。

约翰·D·洛克菲勒从 16 岁当簿记员开始，靠其从小养成的商业感觉和逻辑分析头脑以及出奇制胜的经营策略，终于成为垄断全美石油业的石油大王，美国十大富豪之一。

案例启示：财商教育

从鼓励孩子接触金钱，到给孩子灌输商业知识，引导孩子走上商业道路，没有父亲一言一行的教导，约翰·D·洛克菲勒不可能成为世界级的富豪。约翰的父亲在孩子很小的时候就让孩子接触到金钱，并将金钱教育贯穿整个家庭教育之中，而且在家中用实际行动来让孩子明白金钱的力量。对孩子的"贪财"行为给予正确的引导，这些都为约翰的成功奠定了基础。

在市场经济的今天，理财教育是家庭教育的重要组成部分，早一点让孩子接触钱、了解钱并学会合理使用钱，有利于从小培养孩子的经济意识和理财能力，让孩子学会管理经济合理支配零花钱，可以更好地适应未来经济生活的需要。

案例拓展：他们怎样让孩子认识金钱？

德国：童话打开金钱之门

一向以严谨著称的德国，面对孩子却有生动的一面。德国人向孩子传达理财知识是以童话开始，让孩子更容易接受和理解。

风靡德国的理财童话就是一本叫做《小狗钱钱》的故事书。“欧洲第一理财大师”博多·舍费尔借小狗钱钱之口告诉孩子们：如何从小学会支配金钱，而不是受金钱的支配；如何像富人那样思考，正确地认识和使用金钱；如何进行理财投资，找到积累资产的方法，早日实现财务自由！

《小狗钱钱》为孩子们讲述了一个个生动的童话故事，很容易吸引孩子的注意力，也容易使孩子们理解。“如果你只是带着试试看的心态，那么你最后只会以失败告终，你会一事无成。尝试是一种借口，你还没有做，就已经给自己想好了退路。不能试验，你只有两种选择，做或者不做。”“你能否挣到钱，最关键的因素并不在于你是不是有个好点子。你有多聪明也不是主要原因，决定因素是你的自信程度。”书中这些金玉良言，让孩子很快就烂熟于心，再加上父母有意识的引导，德国的孩子就在童话的世界里，学会了人世间最残酷的金钱游戏。

美国：金钱教育从零花钱的使用开始

美国人的理财教育通常从零花钱开始。美国的孩子很小就拥有自己的零花钱，美国人通常把零花钱的使用权交给孩子，目的就是让孩子从小接触金钱，学会如何预算、节约和自己做出消费决定。不管家庭条件如何，美国孩子手里的零花钱通常差不多。美国父母总是尽量让自己的孩子拥有和同伴相同水平的零花钱，因为在他们看来孩子的零花钱比同伴少，很可能会出现自卑的心理阴影。

美国父母不会干涉孩子零花钱的具体用途，当然一旦孩子因为不当消费导致零花钱超支，父母也不会轻易伸出援助之手，孩子们需要为他们不理智的消费行为买单。我的一个美国朋友曾经告诉我，他的小儿子曾经有一次用一个月的零用钱买了一辆玩具汽车，因为消费行为发生在月初，结果那一个月剩下的日子，孩子再没有钱买任何东西。而朋友对孩子的过度消费行为没有发表任何的看法，也没有再给孩子补充零用钱。到了月末，孩子急用钱，他主动和父亲说："我的行为太荒唐了！我希望把玩具车卖出去，来解决我的经济危机。"朋友这才用很少的钱买下了孩子的玩具车，同时也解除了孩子的经济危机。美国的父母通常会以这样的方式让孩子们懂得金钱的作用，也明白不善于规划、过度消费也会给自己带来不可能估量的危害。

不愧为传统的商品社会，美国人的经济意识要比我们强得多！美国父母希望孩子早早就懂得自立、勤奋与金钱的关系，把理财教育称之为"从3岁开始实现幸福人生计划"。对于儿童理财教育的要求是：3岁能辨认硬币和美元；4岁知道每枚硬币是多少美分，认识到我们无法把商品买光，必须做出选择的道理；5岁时基本知道硬币的等价物，知道是怎么来的；7岁能数大量硬币；8岁知道他们可以通过做额外工作赚钱，知道把钱存到储蓄账户里；9岁能制订一周开销计划，购物时知道比较价格；10岁时懂得每周节省一点钱，以备大笔开销时用；11岁时知道从电视广告中发现事实；12岁时能制订并执行两周的开支计划，懂得正确使用银行业务中的术语。

美国：示范性消费和模拟消费训练

琳达是纽约一位出色的心理医生。她周末的一项重要工作就是带着孩子逛商店。曾经有一次，为了给孩子的父亲买一台物美价廉的收音机。她带着6岁的儿子埃里克逛了三家商店。每进一家商店里，琳达都会告诉儿子手中收音机的价位，以及质量，告诉他自己为什么不选这一台。直到他们走到最后一家商店，埃里克看到了一款很不错的收音机："妈妈，我觉得这台收音机比以前的都便宜，而且感觉很棒！""是的，我的宝贝！"琳达仔细看了一下儿子所说的收音机，同意了儿子的看法。于是，母子俩用了一个下午的时间，找到了一台很棒的收音机。而作为奖赏，埃里克获得了最高价与最低价之间的差价 10 美元。

琳达的行为就是美国父母通常对孩子做的示范性消费。琳达告诉我们："在寻找物美价廉的商品过程中，差价成为可触知的盈利的证据。从小让孩子知道这样，可以让孩子的消费变得理性。因为他们会在自己的消费中，模仿父母的行为，进行比较、思考。随着孩子年龄的增长，这样的示范行为，可以让孩子学会如何节俭。"

除了为孩子们提供理智消费示范，美国的家庭还会在日常生活中为孩子提供模拟成人生活开支的训练。美国人认为，孩子们生活在一个非现实的经济世界里，因为他们住在家里，没有太多的生活开支让他们承担。长期处在这种状态中的孩子，当他们长大后不得不开始自己付房租、水电费，买食物和衣服以及付交通费用时，他们会震惊而束手无策。小时候不知道家庭实际开支的孩子将被迫改变以前的消费坏习惯。为了帮助孩子为未来生活做好准备，美国家庭总是有意识地让年纪大一些的孩子像成年人一样为自己的电话费和汽车费以及一部分家庭开支付账。这样做可以让孩子更早地接触社会生活的真相。等孩子逐渐成熟，父母还会翻开账簿，告诉孩子家庭消费，选一个特定的时间让孩子掌管家中"财政"，让孩子切身体会柴米油盐的日常生活。这样的体验，一方面可以让孩子们接触真实的经济生活，也会让他们看到父母的艰辛和生活的不易，变得更加懂事和体贴。

英国：靠劳动赚钱能让孩子懂得金钱的可贵

在英国父母的观念里，让孩子们感受金钱的来之不易，远比让他们理所当然地享受家长的给予来得重要。英国的父母大多数都会告诉孩子自己的工作，向孩子公布家庭财政状况，让孩子明白家里的收入来之不易。从孩子很小的时候，父母就会要求他们做家务，然后根据劳动质量发放适当的劳务报酬。因此，英国小孩很早就明白要花钱就要付出劳动。一般而言，他们的个人花销都是用自己的劳动换来的。戴维的父亲是一位大学教授，尽管如此，他还是要用自己的劳务费缴清自己的手机话费。虽然每个月只有 10 英镑，但父母是不会随意为孩子买单的。因此，戴维每天都要收拾房间、修剪草坪、洗车和洗衣服，希望能让自己手头更加宽裕。每个月月末，戴维总会把自己一个月的收入总结一下，然后小心地计算如何使用自己的珍贵所得。戴维“窘迫”的生活，在教授父亲眼里却是一种有效的教育方式，只有这样的做法，才会让孩子感觉到金钱的珍贵。从而让他们学会控制自己的消费行为，学会在付出与得到之间取得平衡。这对他的未来很有帮助。

也许有人看来，父母与孩子进行金钱交易会有损家庭关系，但实际上，让孩子通过做事来换取零花钱只是一种教育方式而已，家庭关系并非是用金钱来衡量的。戴维的父亲有一段时间因为和学校解聘，一时间没有收入，家里经济很是窘困。即使这样，母亲依然会为戴维的劳务买单。直到有一天，戴维找到母亲说：“您能告诉我爸爸为什么结束上一份工作吗?”母亲告诉了他原因。于是，他说：“既然如此，这段时间我也免费为家里服务。我们很快就能度过难关。因为我相信爸爸是最棒的。”不久，戴维的父亲找到了新的教职。他立即告诉了儿子自己找到一份不错的新工作，家庭的难关已经过去了。戴维的劳务工资开始发放了。戴维心安理得地用劳动去换取他的零花钱，分享父亲获得工作和金钱的快乐。

法国：消费膨胀和守财奴

法国孩子的“家庭理财课”其实早在孩子3～4岁，即初步知晓加减法，懂得区分不同金额的钱币，明白金钱与购买的关系时，就在不知不觉中开始了。甚至有些家长在孩子来到世上后过第一个圣诞节或生日时，就给他们少许的零用钱。法国家长们认为，让孩子早早拥有“私房钱”，有利于培养孩子经济上一定的独立性。对于这笔不起眼的“小钱”，家长们大多并不主张孩子们把它储蓄起来，而是鼓励他们合理地消费掉，如购买自己喜爱的零食、玩具或书刊等。消费之后，还要跟孩子交流一下“感受”，帮助他们分析一下这次消费是否合理、满意，从中可以获取什么经验、吸取什么教训，等等。当孩子正式上学后，随着孩子消费欲望的提高和消费种类的增加，零用钱可适当提升。但在这个年龄段，法国家庭已经不采用“零打碎敲”的办法。他们认定：与其让孩子每次向家长苦苦“乞讨”，还不如定期给孩子一笔零用钱并限制消费范围，更有利于培养孩子“计划用钱”的理财本领。

令经济发达的英美国家的家长们也逊色很多的是，大多数法国家长在孩子升入小学高年级，即10岁左右时，就给他们设立一个个人的独立银行账户，并划入一笔钱，数额一般是上千甚至数千法郎。在给孩子设立“独立账户”后，父母们就不再“定期”向孩子发放零用钱，只是在过节日、孩子生日等“特殊时期”才向孩子发放些数额不等的零用钱。

法国家长之所以热衷为孩子设立专门的银行账户，倒不是为孩子的消费提供方便，也不是图自己省事，甚至也不是出于教孩子学会保护好自己“钱袋”的目的，而是为了一个更宏大的目标：让孩子从小就学会明智、科学，而不是机械、盲目地“理财”。

事实上，孩子在正式拥有独立账户后，通过消费来理财的学习才算系统、全面地展开。当然，对第一次拥有这么多金钱的孩子，家长必须及时地引导，予以充分地关注。大多数孩子在刚拥有这么多钱后，会出现一种“消费膨胀”心理，表现为胡乱购买一些不需要或不合算物品。在发生这种情况时，家长一般并不横加责备孩子，而是把这当做是孩子学本领时必须付出的“学费”。而且，绝大多数孩子一开始出现的“消费膨胀”心理在经过一定时间的自我反省和家长帮助后都会恢复到正常状态。

与“消费膨胀”相反的是，有少数孩子在无意之中过度捂紧自己的钱袋。他们往往会认为：既然这些钱都已归入我的名下，那么我就理应尽量缩小开支。生性浪漫、豪放的法国人当然不会欣赏这种不懂得享受人生的“守财奴”式的消费理念。遇到这种情况时，家长们会采取一些办法来启发和鼓励孩子舍得消费，如建议孩子邀请小伙伴去看一场演出，买一副网球拍，给亲人送上一束鲜花，等等。如果消费合理又有意义，还会受到家长的表扬甚至嘉奖。“独立账户”不仅为孩子的合理消费提供了实习场所，而且也可帮助培养孩子合理储蓄的良好习惯，即所谓的“该消费时就消费，该节约时就节约”。家长在为孩子开设账户后，一般还与孩子商议其账户必须保留的金额的底线，并一起制订短期的储蓄和消费目标：开始时可能仅是小目标，如一张光碟、一个汽车模型等，一般只须储蓄几个星期便能大功告成；此后可转向较大目标，须耐心储蓄几个月才能实现；最后上升至须储蓄上一年半载才能实现的大目标。要是在这段时期孩子受到其他东西的诱惑而没能“挺住”，那么责任不在家长，而在于孩子自己。而更重要的是，孩子从中可学到一种宝贵的责任心，领悟到一种辩证的得失观。

新加坡：孩子的储蓄

“节俭和储蓄是美德”，这种传统的价值观在新加坡大人孩子中始终牢固不变。从银行存款额来看，新加坡全国中小学生 1992 年参加储蓄的百分比超过 53%，平均每位学生大约有 1 144 新元存款。新加坡的父母通常会鼓励孩子把暂时不用的零花钱存在银行，不但是节俭的好办法，还能升值，获得额外的利润。每年新加坡的幼儿专家认为，教育部、邮政储蓄和银行每年都开展全国性的校际储蓄运动。在这种环境下，许多孩子都成了储蓄迷，他们为了防止自己花钱大手大脚，连提款卡也不申请。

幼儿教育家告诉我们：教会孩子储蓄，除了让孩子从小养成勤俭节约的好习惯之外，还能让孩子体会到理财的快乐。对幼儿的储蓄训练应该从小就开始，一般 3 岁的时候就可以鼓励孩子把一部分钱拿到银行存起来。到了 6 岁时，孩子们就能够明白，银行不是拿走他们的钱，而是把钱安全地保管起来，还会支付他们利息。在银行以孩子的名义开一个账号，存折交给孩子，引导他们每隔一断时间把积攒起来的钱存进去。这样的做法可以帮助孩子养成终生储蓄的好习惯。

以色列：赚钱从娃娃抓起与延后享受的理念

犹太人是最会赚钱的民族，这和他们从小接受的“赚钱”家教分不开。犹太人从来不觉得赚钱是一个需要到达一定年龄才能开展的活动，他们始终觉得“赚钱从娃娃抓起”才是最好的教育方式。在犹太家庭里，孩子们没有免费的食物和照顾，任何东西都是有价格的，每个孩子都必须学会赚钱，才能获得自己需要的一切。

不久前，在网络上看到一个题目叫“犹太人的家庭教育，或许能给我们一些启示”的热贴，很有感触。贴子是讲述一名中国单亲妈妈以及和她的三个孩子在以色列的故事。

刚去以色列的时候，这位母亲坚持“再苦不能苦孩子”的原则，做着合格的中国式妈妈。每天清早，她先把孩子们送去学校读书，然后在孩子上学的时候，妈妈去卖春卷。到了下午放学的时候，孩子们一起来春卷摊，母亲就赶紧停止营业，在小炉子上面给孩子们做馄饨下面条。这样的生活延续了一段时间，突然有一天，一个邻居过来训斥老大：“你已经是大孩子了，你应该学会去帮助你的母亲，而不是在这里看着你母亲忙碌，自己就像废物一样。”

于是，孩子们也像犹太同伴那样，开始学着赚钱。最初，他们从最简单的卖春卷开始，走上了各自的经商之路，只在短短数日之间，以前只会黏着妈妈撒娇的孩子就摇身一变，成了精明的小犹太商人，开始精打细算，也懂得寻找商机了。一年以后，老大靠售卖中国文具，已经赚到了超过2 000谢克尔（折合人民币4 000多元）；老二以他14岁的年龄和文笔，竟然在报纸上开设了自己的专栏，专门介绍上海的风土人情，每周交稿2篇，每篇1 000字，每月80谢克尔；老三是女孩子，她学会了煮茶和做点心，两个哥哥都很喜欢。当然了，要吃她做的美味点心，两个哥哥是需要支付相当的费用。现在，孩子们甚至比母亲还有钱。赚钱的过程中，他们也感受到了金钱的来之不易，对母亲的辛勤体会得更深。母子四人的感情越来越好了！

短短一年的时间，娇生惯养的孩子变得体贴、独立，也更精明了，这就是犹太金钱教育的力量。

除了教会孩子赚钱，犹太人还向孩子灌输延后享受的理念。

所谓延后享受，就是指延期满足自己的欲望，以追求自己未来更大的回报。通俗一点就是要懂得先苦后甜的道理。在孩子很小的时候，犹太父母就会告诉孩子：“如果你喜欢玩，就需要去赚取你的自由时间，这需要良好的教育和学业成绩。然后你可以找到很好的工作，赚到很多钱，你就可以玩更长的时间，玩更昂贵的玩具。如果你搞错了顺序，整个系统就不会正常工作，你就只能玩很短的时间，最后的结果是你拥有一些最终会坏掉的便宜玩具，没有玩具，没有快乐。”犹太父母这样做的目的就是要孩子学会为自己的将来作长远的规划，对个人的追求、个人的资源有清醒的认识，然后沿着自己的道路努力拼搏。

没有崇高的理想，也没有宏观的规划，犹太父母用最通俗的道理告诉孩子，要趁年轻的时候，抓紧时机读书、学习，遵循这样的金科玉律，犹太孩子从小就懂得努力是为了自己的将来。

拓展链接：

财商教育行之有理

1．当代社会需要孩子学会理财

市场经济的大潮中，充斥着各种各样的金钱陷阱和机会。无论一个人选择怎样生活，从事什么职业，都会不同程度地与钱发生联系，当家理财是家庭生活的重要组成部分，有助于生活更加幸福美满；国家建设与发展更需要高层次的懂管理、善经营的人才。我们的孩子要想在这样的时代立足就不得不了解金钱，掌握金钱以及拥有赚钱的能力。对孩子理财能力的培养是当今家庭教育不可或缺的一项。

现代教育家根据当今社会的发展趋势，对青少年提出“三商”教育。所谓三商就是指财商、智商、情商，它们是现代社会能力三大不可或缺的素质。智商反映人作为生物的生存能力的表现；情商反映人作为社会生物的生存能力；财商则是人作为经济人在经济社会中的生存能力。它是指一个人在财务方面的智力，是一个人认识金钱和驾驭金钱的能力，即理财的智慧。

财商包括两方面的能力：一是正确认识金钱及金钱规律的能力；二是正确应用金钱及金钱规律的能力。有四项主要技能组成：财务知识，即阅读理解数字的能力；投资战略，即钱生钱科学；市场、供给与需求，提供市场需要的东西；法律规章，有关会计、法律及税收之类的规定。

财商教育，就是要孩子们拥有判断金钱的敏锐性，了解财富的形成和积累。通俗一点地理解，财商教育就是我们所说的理财教育或是金钱教育。

加强财商教育被越来越多的教育家认可，并把这种教育看做引导孩子实现成功人生的关键。

2.理财是要学才能会

从某种角度上说，财商教育甚至要比智商教育更为重要。因为，一般而言智商与天资的联系更为紧密，也就是说，后天的教育对智商的提高并不是很大。但是，财商则不同。财商主要依靠后天的培养教育。

根据英国政府制定的《个人、社会、卫生和经济计划》，儿童从5岁开始就应该接受理财教育；7～11岁的学生将学习如何管理银行和储蓄账户，如何做预算；中学将开设与信用卡、贷款以及家庭财务和负债有关的课程。按照英国儿童、中小学与家庭事务大臣埃德·鲍尔斯的说法：“孩子们的投资理财能力是可以训练出来的。”

3.理财是综合素质的锻炼

理财不是让孩子拜金，相反是要孩子掌握金钱。通过财富让他们理解社会、理解父母、学会生存。

通过理财教育，让孩子正确认识金钱。了解金钱与工作的关系，让孩子懂得父母挣钱的艰辛，进而珍惜别人的劳动。懂得金钱不是从天上掉下来的，要取得成功需要付出、需要奋斗的道理。

通过理财教育，让孩子独立起来。能够通过自己的劳动获得报酬是成为一个独立的社会人基本要求。教孩子赚零花钱、分配零花钱，是为孩子提供了自我实现的极好实践机会。

通过理财教育，让孩子提高辨别和分析事务的能力。面对铺天盖地的广告宣传和生产、销售厂家名目繁多的促销活动，教导孩子作出符合自身情况的判断和选择。当孩子在用自己手中的钱购物的时候，引导孩子再三考虑购买的必要性，对商品的价格、质量等进行考察。成功的理财教育可以帮助孩子在得到物有所值的商品的同时，分析和辨别能力也得到提高。

通过理财教育，让孩子更加自信。美国人有一个共识：在诸多成功中，赚钱最能培养人的成就感和自信心，所以必须从小教孩子理财，培养他们的财商。

财商教育行之有法

1.让孩子认识金钱

(1) 教孩子认识各种货币的价值及其使用。家长从小就注意让孩子识别各种货币，让他们认识货币上的面值，告诉孩子钱是做什么用的，让孩子从小知道你是如何购买东西的。

(2) 适当向孩子教授正规商务。让他们明白各种商品及其价格的确定。

(3) 告诉孩子家庭经济状况。父母应该如实地告诉孩子家庭收支，教育孩子不要和别人攀比。

(4) 带孩子到你工作的地方参观，让孩子懂得劳动和金钱的关系以及花钱的限度。

(5) 不应随意给孩子礼品，也不应该用扣零花钱作为惩罚手段。

2.培养孩子理智的消费习惯

(1) 给孩子的零花钱要适当。把零花钱的数额控制在孩子有能力支配的范围之内。鼓励孩子用自己的劳动换取金钱。如假期让孩子去打工，如果时间允许，孩子可以做一些兼职，只要不影响孩子的学习，可以让孩子通过劳动获得一些收入，这样既可以让孩子有更多的钱支配，也可以令孩子更懂得珍惜。

(2) 让孩子知道钱不是最重要的东西。孩子都会有对钱的渴望，不过钱并不能换回所有的东西。要让孩子明白，不是所有的东西都能用金钱来衡量其价值，人与人之间的感情，还有快乐的心情等比钱更重要，当孩子正确认识了金钱以后，才不会功利地去追求金钱，而且更懂得珍惜自己拥有的，充满感激和快乐。

(3) 教孩子从小就懂得区别需要什么和想买什么，让孩子懂得物品的贵和贱，使他对理性花钱有初步概念。孩子的消费行为是由被动逐步走向主动的，给孩子零用钱并不是让孩子挥霍，家长应该让孩子学会把钱花在有需要的地方。很多富豪家族都要求孩子对自己的零花钱记账，每一笔钱的去向都必须清清楚楚。普通家庭的父母也可以采用这种方式，然后定期检查孩子的账本，一定要及时纠正孩子胡乱花钱、挥霍浪费的行为。

(4) 教孩子懂得量入为出、珍惜物品。要让孩子明白，花钱必须有经济来源，花钱要看支付能力如何，并让孩子懂得所吃、所穿、所用来之不易，随意浪费是不珍惜劳动果实、不尊重劳动的表现。让孩子经常参加劳动，体会劳动的艰辛。

(5) 孩子决定购买某种物品时，你不要发表意见，因为他正在学习自己做选择，除非他想购买的物品违背你对他的教育。在可能的情况下，将每月零花钱一次性全给孩子（从3岁起就可以），但如何花费由孩子自己决定，以培养其自决能力。

(6) 让孩子自己承担一部分花费。孩子有了一定积蓄后，除了生活的必需品家长资助他们购买，一些他们平时不需要花太多钱，不是很重要的支出让孩子自己去支付。

(7) 学会分享。体验到捐款和助人的喜悦，懂得从小就要关心和帮助别人，自觉自愿地把自己的微小积蓄捐赠一部分给需要帮助的人们，让孩子从小就体验到人与人之间应该相互帮助和分享。

3.让孩子养成储蓄的习惯

(1) 告诉孩子不应该乱花钱，让孩子懂得将部分所得储蓄起来的重要性。孩子手里的零用钱、压岁钱应该有计划地使用，适当积累，让孩子在存钱、用钱的过程中养成节俭的好品质。

(2) 和孩子一起决定应该存多少钱。孩子从自己的零用钱和礼物中获得自己的收入后，父母应该和孩子一起做出支出规划，引导孩子把适当比例的钱存进银行。

(3) 鼓励孩子自己攒钱获得自己喜欢的东西。如果孩子想要买一件自己很喜欢的玩具，父母可以建议他为自己订一个攒钱计划。把玩具画在纸上，然后在上面写上预计的购买日期，然后把自己省下的零用钱攒起来，直到完成自己的目标。

第八章 让孩子懂得做人

品德，应该高尚些；处世，应该坦率些；举止，应该礼貌些。

——孟德斯鸠

做人，是成才的根本。为人父母，最先要教会孩子的应该是：诚实、勤劳、自信、责任、勇敢、坚强、上进、善良、分享、宽容、礼貌、感恩、谦虚。这是教育孩子的基础工程，决定着孩子一生的命运，也决定民族未来的前途，说近些决定着家庭的幸福。

金牌案例：林肯——宽容教育成就的美国总统

亚伯拉罕·林肯（AbrahamLincoln）（1809—1865），美国第16任总统，首位共和党总统。由于他在美国历史上所起的进步作用，被人们誉为“新时代国家统治者的楷模”。

1809年2月12日，林肯出生于肯塔基州哈定县一个普通农民家庭。林肯2岁的时候全家就开始了拓荒的生涯，为了贴补家用，林肯在12岁时就不得不中止了学业出门做工。

最初，林肯去做了一个伐木工人。在那里，工人都会在木头上画上属于自己的符号，以便将来统计工作量。要知道工人的薪酬都是以质量和数量作为标志的。林肯每次总会在自己伐倒的木材上写一个以自己名字开头的“A”字，作为自己的专属标记。可是，突然有一天，林肯发现，有人在自己砍伐的木头上预先标记了一个“H”，显然，这是有人要盗用自己的劳动成果。

这种行为让年轻的林肯火冒三丈。他当晚回到家里就和自己的继母说道："我敢保证，这一定是那个叫亨得尔的家伙干的！我要到他们家找他理论去。"继母赶紧拦住怒气冲冲往外走的林肯，对他说："我的孩子，你先别急，听我给你讲个故事。"

"从前有一片大森林，那里住着一个叫做班比的人，他是一个很好的猎手。打猎就是他的谋生之路。他经常在密林中安装捕兽套子。由于他安装的地方是野兽们经常出没的路线，几乎每天都有收获。可是有一天，班比又去收套子，却发现套子上只有动物脱落的毛，显然动物已经被别人取走了。班比很生气，他随手拿起笔在一张纸上画了一个愤怒的脸，放在套子上，向'偷盗者'表示他的不满。等到第二天，班比又去收套子时，发现在套子边竟然放着一片大树叶，树叶上画着一个圈，圈子里有房子，房子旁边还有一只狂吠的狗。班比不知道这是什么意思，他很好奇：'为什么别人拿走了我的动物还要画图呢?'班比认为他应该和这个人当面说清楚。于是他就画了一个正午的太阳，还有两个人站在捕兽套边。告诉对方，他希望彼此可以在明天中午见面。第三天中午很快就到了，班比如约来到放置捕兽夹的地方。一个浑身插满了野鸡毛的印第安人已经在那里等他了。可是，班比听不懂对方的话，他们彼此只能通过打手势来对话。印第安人用手势告诉班比：这里是我们的地盘，你不可以在这里装套子。班比也打手势说：那是我的套子捕到的猎物，你不应该随意拿走！比着手势的两个人看起来很古怪，相互看得直乐。班比想，'与其多个敌人，还不如多一个朋友。'于是，他很大方地告诉印第安人，自己愿意和他交个朋友，并且把捕兽套送给那个印地安人了。

后来有一天，班比打猎时遇到了狼群追赶，被迫跳下了悬崖。等到他醒来的时候，他发现自己正躺在印第安人的帐篷里，伤口上还有印第安人给他上的药。从此以后，班比和印第安人成了好朋友，他们快乐地生活在一起，共同打猎。从此班比再也不需要担心狼群的攻击了，因为他的印第安朋友会帮助他。印第安人有了班比的先进装备，收获也比过去多了很多。"

继母讲完了故事，微笑着对林肯说："你说班比做得对吗?"林肯低下头想了想说："是的，他做了最正确的选择。虽然少了暂时的利益，但是也少了一个敌人，多了朋友。""对呀，孩子，你要学会宽容别人，这样才能使自己的路越走越宽广。要不然，你在社会上就会到处树敌，很难成功的。”继母对林肯说。“我知道了，母亲。”林肯很懂事地点点头。

林肯从此以后牢记母亲的教导，在他未来的人生道路上，宽容一直是他制胜的法宝。美国谚语中就有“林肯的真诚与宽容”这样的说法。1860年，林肯最终以踏实、宽容的姿态赢得了选民的心，竞选成为美国第16任总统。

案例启示：人格教育

哲学家斯宾诺沙说：“人心不靠武力征服，而是靠爱和宽容大度去征服。”林肯继母的宽容教育让他理解了宽容的智慧。在林肯以后的政治生涯中，宽容的美德一次次帮助他化解危机，消除矛盾隔阂，赢得了对手的尊重，又形成了合力，成就了伟大的事业。

宽容不过是高尚人格的一个部分。林肯的故事让我们看到了人格教育的巨大魅力。除了宽容，我们还应该让孩子懂得谦虚、分享、诚实以及责任等，培养他们成为一个真正意义上的“人”。

给孩子一个完美的人格，就是为他们的成功人生奠定了基础。

案例拓展：他们怎么进行人格教育？

美国：Smith 夫妇的仁爱教育

Smith 夫妇是美国一对普通的夫妇，在他们眼中孩子的完美人格应该是从学会仁爱和分享开始。

“如果我的孩子们不能关心别人，将来他们怎么会有对公众利益的责任感？”Smith 先生说，“我们希望孩子能够拥有一种仁爱思想，懂得让其他人和自己分享。”为此，Smith 夫妇共同努力为孩子做出好榜样。他们经常和孩子一起捐助无家可归者，当着孩子的面主动帮助邻居照顾孩子。节假日，妈妈总是带着孩子一起去做义工，和孩子一起讨论家庭的慈善捐款数额和机构。平时，Smith 夫妇巧妙地向孩子们指出慷慨对他们意味着什么，以及对社会的益处。

“我们经常这样做，就会在孩子心里埋下一颗仁爱的种子。让他们把利他行为看做一种理所应当的做法。”这是Smith夫妇共同的认知。“令人自豪的是，我们从来不需要用强制的手段去要求孩子和我们一样，但是这种助人的工作就其本身的趣味性和自豪感，总是让我们的孩子很主动地去完成。”

Smith夫妇对孩子们的仁爱教育还融入到家规中。在孩子很小的时候，Smith夫人就鼓励孩子规划自己的零花钱，其中有一项支出就是用于慈善行为。Smith家的孩子零花钱从来是一分为三，1/3用于慈善行为、1/3投资，另外1/3自由支配。这样的规矩虽然是Smith夫妇给孩子的建议，但是，孩子们保留至今。现在，帮助别人已经是Smith家的孩子最常做的事情。就连小儿子Jane Smith也知道：“能花时间帮助那些不幸的人们是一件有意义、令人开心的事情。”除了每周六都向教堂捐款并去做义工，慈善行为已渗透到Smith家的日常生活，成为餐桌上的话题之一。

Smith夫妇的教育奠定了孩子们认识世界，尤其是社会公正的基础：为社会公益事业尽一份力。

英国：让孩子做个绅士

英国作为一个传统国家，特别重视16岁以前儿童的道德教育，培养符合现代社会需要的有信仰、有德性、有礼仪、有学问的绅士，是其始终的出发点。英国父母通常在日常生活的潜移默化中，让孩子接受绅士教育。

有位在英国做交流学者的女老师临时到朋友家做客。朋友带着自己的6岁的儿子到车站接女老师。一见面，朋友就把老师背上的双肩包接了过去，交给自己的儿子，对他说：“大卫，一个绅士是应该帮助女士的，对吗？”“是的！我们要为女士服务。”于是，小朋友用自己胖嘟嘟的小手从父亲手里接过包，背在自己的身上。一路上，孩子就拖着对他来说还不算小的背包跟在他们的后面。女老师很不好意思，就对朋友说：“他还是个孩子呢，还是我来拿吧！”可是，朋友很不以为然：“没有关系，大卫是一位绅士，他必须学会照顾身边的女士。为您拎包是他应该做的事情。我们为他自豪!”朋友又说，他们从小就用绅士的要求来教育孩子，在他们看来，作为一名绅士，他们的儿子必须懂得帮助别人，做父母的应该随时给他提供这样的机会。尼克松曾经说过：“一个绅士就是要能够时刻想到别人、帮助别人。”

第二天，朋友一家邀请女老师一起陪孩子参观展览。“这是我们答应大卫的，我不希望因为您的到来让孩子认为我们失信于他!”这是朋友对女老师的解释。父母的以身作则是对孩子进行品德教育最好的方法。他们来到展览馆，在狭小的放映厅里，虽然有很多空位子，但是孩子们却坐在地上，朋友也要求儿子坐在地上。女老师很奇怪，朋友说：“我们要孩子明白，椅子应该留给最需要他们的人。一个绅士要时时想到别人。”

在朋友家住了几天，女老师发现，小大卫很少哭闹，也很少对父母撒娇。一次，小大卫因为做错了事被母亲责骂，小家伙眼圈红红的却没有掉眼泪，女老师问他为什么不对母亲撒撒娇呢？说不定就不用挨骂了？小家伙却一脸严肃地说：“不，撒娇和哭泣不是一个大人应该做的！而且有了错误就应该接受批评，一个绅士要学会承担责任!”

也许就是这种绅士教育让英国的孩子从小就很懂事。在家里，英国孩子很少对父母提出无理的要求；在学校，英国孩子不会在午饭时间问问题，“那是老师的休息时间，打扰他是不礼貌的!”

日本：要从小培养孩子有一颗感恩的心

“日本孩子的感恩教育被融入到生活中的点点滴滴，这是值得中国父母学习借鉴的!”这是一位研究中国家庭教育的教师，通过自己的亲身经历得出的结论。

一次，这位教师邀请日本朋友吃饭，餐桌上她亲眼目睹了日本父母的感恩教育，感叹不已。那天，为了让日本朋友吃到正宗的中国菜，她决定亲自下厨，花了一整天的时间摘、洗、切、煮、炸，精心地烹饪了一桌美味佳肴。然后打电话请日本朋友来。很快朋友带着自己的儿子到了家门口。一进门，小朋友就对教师弯腰鞠躬，说：“谢谢阿姨请我们吃饭!”待碗筷摆上了桌，小朋友很快就乖乖地坐在桌边，又一次说了谢谢！饭菜上桌，孩子什么样的菜都吃，不挑食，也不要人喂。一顿饭吃下来，小男孩没有任何调皮的举动，一直很开心地吃饭。吃完饭后，甜甜地说了声：“谢谢阿姨!”跑过来吻了她一下，才出去玩。

只不过是一桌普通的饭菜、平常的滋味，却收到了孩子如此三番五次的隆重谢意，这位教师准备饭菜的种种辛苦，顿时都烟消云散了，只剩下被人肯定的快乐。她对朋友说：“孩子太客气了，不过是一顿简单的饭菜罢了!”朋友却正色到：“不是客气，我们要从小培养孩子有一颗感恩的心。哪怕是父母，我们也要孩子说感谢，只有这样，孩子才会懂得珍惜别人的付出，才可能为别人付出!”

让孩子拥有一颗感恩的心，不要把父母的付出看做是理所应当。孩子应该学会感激！感激自然的恩赐，感激父母的付出，感激他人的帮助，长存感恩的心，孩子们才会理解人世间的温情，他们才会去爱别人、爱生活、爱这个世界，长大了，孩子才能勇于负担起家庭、社会的责任。

墨西哥：诚信是一种信念

莫要失信于孩子，因为他们正在和你学习为人处世。要想他们懂得诚信，就先从父母的诚信开始。

墨西哥总统福克斯以诚实守信的品德而备受国人的尊重，他一生做人的原则就是两个字：诚实。正是这样的人格品质，使他从一个普通的推销员成为一个国家的总统。而这一切都要归功于父母的言传身教。

一次，福克斯受邀到一所大学演讲，一个学生问他：“政坛历来充满欺诈，在你从政的经历中有没有撒过谎?”福克斯说：“不，从来没有。”大学生在下面窃窃私语，有的还轻声笑出来，因为每一个政客都会这样表白。他们总是发誓，说自己从来没有撒过谎。福克斯并不气恼，他对大学生说：“孩子们，在这个社会上，也许我很难证明自己是个诚实的人，但是你们应该相信，这个世界上还有诚实，它永远都在我们的周围。我想讲一个故事，也许你们听过就忘了，但是这个故事对我却很有意义。

有一位父亲是一个农场主。有一天，他觉得园中的那座亭子已经太破旧了，就安排工人们准备将它拆掉。他的儿子对拆亭子这件事很感兴趣，于是就对父亲说：‘爸爸，我想看看你们是怎么拆掉这座亭子的，等我从寄宿学校放假回来再拆好吗？’父亲答应了。可是，等孩子走后，工人们很快就把亭子拆掉了。

孩子放假回来后，发现旧亭子已经不见了。他闷闷不乐地对父亲说：‘爸爸，你对我撒谎了。’父亲惊异地看着孩子。孩子继续说：‘你说过的，那座旧亭子要等我回来再拆。’父亲说：‘孩子，爸爸错了，我应该兑现自己的诺言。’

这位父亲重新召来工人，让他们按照旧亭子的模样在原来的地方再造一座亭子。亭子造好后，他将孩子叫来，然后对工人们说：‘现在，请你们把它拆掉。’”

福克斯说，“我认识这位父亲，他并不富有，但是他却在孩子面前实现了自己的承诺。”学生们听后问道：“请问这位父亲叫什么名字？我们希望认识他。”福克斯说：“他已经过世了，但是他的儿子还活着。”“那么，他的孩子在哪里？他应该是一位诚实的人。”福克斯平静地说：“他的孩子现在就站在这里，就是我，墨西哥总统福克斯。”福克斯接着说：“我想告诉大家的是，我愿意像父亲对我一样对待这个国家，对待这个国家的每一个人。”

父亲的做法不仅仅是为了满足孩子的愿望，更重要的是，他没有失信于孩子，让孩子明白诚信是无价之宝。园子的亭子拆掉了，孩子心里的诚信、信念却建起来了。

澳大利亚：让孩子拥有荣誉心

“哪怕再顽劣的孩子都有名誉心；所以，要想他朝诚实、进取的人生发展，父母要尽可能地激发孩子的名誉心，让他有机会为自己的所作所为感到光荣、感到自豪。这是所有孩子向善而行的根基。”

澳大利亚孩子们的课本都是循环使用的，也就是说，一个一年级孩子的主要课本，如数学、科学、地理、历史和文学，都是从二年级某个孩子手中“继承”下来的，而他经过一年的学习和使用后，也必须将课本完整无缺地保留下去，让学弟学妹们“继承”。偶有增补的内容，会额外发一本小册子，由孩子自己动手，装订在书后。免费使用的课本背后附设一张表格，上面是历任使用者的签名。

新学期初始，小琳达拿到了一本已经使用过5年的数学课本，小琳达是其第6任主人。这本书保护得非常好，除了纸张稍有磨损和发黄的痕迹外，从头至尾，没有划痕、没有墨点、没有任何涂鸦的痕迹。父母告诉琳达：“看到这样一本书，你就知道前几任同学都很爱护这本书。你看，我们可以在书的后面找到他们的名字，书是完好无损的，在我们心目中的他们也是值得学习的，对吗?”“是的!”琳达对父母说：“前任同学已经给我做了榜样，而我的行为，也是后任同学的榜样，我是否珍视课本，珍视每一棵化为纸浆的大树，都会被后任同学看到，我会尽我所能，保持课本的清洁，不负我的名誉。在后任同学的眼里，我的名字也是干净的!”除此之外，琳达的父母还和孩子一起为这本书做“美容”，他们修理装订松散的部分，修补老化的页面。

课后，父母还会带琳达一起到公立图书馆吸收精神食粮。澳大利亚的公立图书馆周一至周五免费开放，并提供儿童图书室、科幻图书室、模型组装室等专门图书室、实践课堂，为13岁以下的儿童服务。每一间专门图书室和实践课堂都配有免费饮水机和复印设施。

感受图书馆如此之多的“恩惠”，爷爷问琳达是不是能为图书馆做些什么?很快，经过一个简单的申请程序，小琳达获准成为一名“小小义工”，负责为儿童图书室编撰一本“中文索引”。因为琳达的父母经常到中国，所以她接触中文很早。她希望帮助那些随家长移民到澳大利亚的中国孩子尽快享受到图书馆的恩惠。在父母的帮助下，琳达用了整整一年的时间，为儿童图书室的3 800多册图书做了中英文对照的索引目录。在这个过程中，琳达的中文水平也突飞猛进。

工作完成后，图书馆授予琳达“图书馆名誉员工”称号和一把象征开启“图书之门”的金钥匙。虽说全是“精神鼓励”，但家境富裕、对任何奖赏都提不起劲的琳达，硬是为此事兴奋了两天两夜。

让孩子像珍惜眼睛那样珍惜他们的名誉。只有那些懂得珍惜名誉、并愿为之做出努力奋斗的孩子，才会有更加灿烂的明天！

犹太人：用故事教育孩子善良

在犹太人的信仰中，善良是生命的黄金，善良是一种世界通用的语言，善良可以使盲人看到光明，可以使穷人看到希望。善良可以使人在生活中受到别人的尊敬和爱戴。

每一个犹太人在很小的时候，母亲都会给他们讲一个善良的故事：有一个农人挑了一担菜进城去卖，在街上，农人拾到一叠钱，他点了一下，共有15张。回家后，农人把15张钱交给他母亲，他母亲说：“孩子，人家丢了钱。一定很着急，我们怎么能要人家的钱呢？”

农人按照母亲的吩咐，赶回拾钱的地方等待失主。很快，农人发现前面有一个人好像低着头在地上寻找什么东西，便连忙上前问他：“老弟，你丢了钱吧？我拾到了，现在还给你吧。”不等那人回答，农人便将15张钱全都给了那人。可是，这个丢钱的人却说：“我丢失是30张钱，你为啥才给我15张呢？”

自己如数将拾到的钱归还给他，对方不但不谢，反而又诬蔑自己贪了他一半的钱，这是什么道理！农人实在气愤不过，便跟那人争吵起来，两人互相扭着来到当地首府。

首长了解了事情的来龙去脉后，对那领钱人的行为颇为生气。他派人叫来农人的母亲，当面对质核实，证明了农人说的情况属实。接着，首长让农人和那个领钱人各自写出事情的情况。于是他们分别写道：“拾钱人的确是拾到15张钱钞”，“丢钱人确实是丢失了30张钱钞”。首长将两张状纸捏在手上，对失主说：“你丢的是30张钱钞，而他拾到的却是15张钱钞，可见这钱不是你的钱，而是上天赐给这位贤良母亲的养老钱。假若他拾到的是30张，那就是你的了，你可以到别的地方去找你的钱了！”

那人知道自己撒谎，自觉理亏，便也不敢再作狡辩，灰溜溜地离开了首府。于是，县令把15张钱钞交给农人的母亲，并对这位母亲说：“你是位贤德的母亲，这钱就归你了！”人们听后，都拍手叫好，都认为这 15 张钱就是上天赐给善良老母亲的养老钱。

通过这样的故事，犹太母亲告诉自己的孩子：善良不会让你走上邪路，不会让你生出什么歹念。这是做人、从商最根本的一点。

韩国：点点滴滴教育孩子懂礼貌

礼貌是衡量一个社会、一个民族的文化层次和文明程度高低的一个标准。韩国父母一向把孩子的礼貌教育看做是人格教育的起点。

一次，去一位韩国朋友家玩，看见了她 15 个月的儿子，还是个不会说话的小家伙。可是，他的妈妈还是要他和我问候打招呼。孩子的妈妈当着孩子的面向我鞠了一个躬，然后我看到小家伙也像模像样地模仿妈妈的样子对我做了同样的动作。妈妈告诉我：也许幼小的孩子还不太了解这其中的含义，但是我们多次的引导教育后，就会让他形成一种习惯，将礼貌教育渗透在每一天的日常生活当中，让礼貌教育在日常生活中不断得到强化和巩固，这才能让孩子把礼貌看做一种理所应当的事情。

后来，我在电梯里遇到过一位带着孩子的韩国朋友，我们大人互相问候后，只见邻居马上示意儿子向我问候，孩子很听话，马上向我鞠躬问候。路过门卫时，妈妈也不忘提示孩子向门卫叔叔问候，我注意到妈妈也是一同问候的。自那次后，那个孩子不管在哪里看见我，都一定会主动和我鞠躬问候。不只是这个孩子，只要是认识我的孩子，一般都能主动或者在大人的提醒下和我问候。

除此之外，韩国人对孩子的礼貌教育简直无处不在。幼儿园的老师会主动和孩子们问好打招呼，公众场合迎宾小姐，在向大家鞠躬的时候，一定是鞠躬后上身在下面停留几秒钟，然后才直起上身的姿势，无论是在银行，还是在医院、百货商店，你都能听到他们亲切的问候声，感受到他们的良好礼貌。这些都为韩国的孩子提供了良好的礼貌教育环境，他们和周围的人学习礼貌，逐渐将礼貌养成一种习惯。

礼貌是一种修养，让孩子有礼貌，就是要他们懂得尊重别人、关心别人！

拓展链接：

人格教育行之有理

“学会求知，学会做事，学会共处，学会做人”是当代教育的目的，也是当代社会对年轻一代的基本要求。其中，“学会做人”是建立在前三种学习基础之上的一种基本进程，是教育和学习的根本目标。要成才，先成“人”。这里的“人”是指从心理结构来看，是指包括自我意识、能力、气质、性格、兴趣、需要、态度、信念、价值取向等的因素。只有具有良好品德的个体，才是一个既能独立又能与人很好协作、相处的社会人。

让孩子学会做人实际上就是对孩子进行有效的人格教育，培养孩子拥有良好的道德品质、学会和人相处，勇于钻研、善于合作。这些都是人格教育的内容。人格是世界上最强大的动力之一，高尚的人格是人性的最高形式的体现，它能最大限度地展现出人的价值。孩子拥有完美、健康的人格就给他们提供了为理想拼搏的勇气，抵制诱惑的力量，以及实现理想的决心。

家庭在孩子成长中的独特地位让人格教育在家庭教育中显得尤为重要。孩子人格形成最关键的时期是在童年时代，矫正的关键期也是在这个时期。这个时期的孩子大多和父母在一起，因此孩子能否形成健康的人格很大程度上取决于所在的家庭环境。

1.父母是孩子的第一任老师。在一起生活的“关系”中，子女总是模仿着家长。有的是有意识的模仿，但很多都是先天本能的模仿，不仅仅限于行为举止，而且包括思维方式、情感取向、风俗习惯，以及个人性格等。因此，父母的人格对孩子早期人格的形成至关重要。拥有完美品质的父母会在和孩子的日常生活接触中展示他的人格魅力，孩子经过耳濡目染，就会被父母所影响，潜移默化中形成良好的品质。苏联教育家乌申斯基曾说：“不管教育者把他最深刻的道德信念隐藏得怎样深，只要这些信念在他的内心存在着，那么，这些信念就可能表现在孩子身上……并且这些信念愈是隐蔽，它们的影响作用愈是有力。”

2.家庭是孩子最早生活的环境。西方人格理论认为：人格绝大多数是由环境决定的。生活在什么样的家庭环境中孩子就会形成怎么样的人格。家庭给孩子提供的环境不仅有物质环境也有精神环境。物质环境并不是指家庭的豪华装修，而是整洁有序、健康向上的环境，孩子应该有一块属于自己的天地和活动时间。家庭的精神环境内容很多，它包括家庭的文化氛围、价值取向、人际交往、家风家规、家庭气氛等多方面，对于孩子的人格发展来说，精神环境更为重要。比如，夫妻恩爱，家庭民主，会让孩子从小就懂得民主的重要性。

3.父母的教养态度是孩子人格形成的重要环节。如果说父母个人人格和家庭环境对孩子人格培养是一种间接作用，那么父母对人格教育的态度对孩子的人格形成则是起最为直接的作用。父母重视人格教育，就会在平时主动教育孩子学会诚实、勇敢、善良等，有意识地引导孩子独立，教会孩子合作。而且，父母会十分关注孩子的道德表现，一旦发现孩子行为不适当，就会给孩子及时地纠正，这样的家庭教育对孩子健康人格的教育是十分必要和有效的。

4.父母的教养方式是影响儿童健全人格构成的又一重要因素。家庭的教养方式是父母人格、父母对孩子的态度以及教育方式的整合体，一般来讲，可将家庭教养方式分为专制型、保护型、放任型、民主型和混合型几种。很明显，在所有的家庭教养方式中，民主型是最好的。民主型家庭的父母认为：孩子不只是属于家庭的，同时更是国家的、社会的一员，将来他总要独立生活，走向社会，从小就应教给孩子生活的自理能力而不是处处事倍恭亲、包办代替。然而，在我国独生子女家庭教育中保护型教养方式仍居多，造成了孩子依赖性强、易反抗、任性、孤僻等不健全人格。

人格教育行之有法

1.转变成才观念。升学不等于成才，家庭教育的目的是培养下一代的优良人格。明确培养孩子健全人格包括进行家庭道德的教育和孩子优良个性品质的培养。具体来说，健康的人格品质应当包含对生命的珍视和自我的悦纳，对理想前途的追求与执著，崇高的责任感与义务意识，良好的人际关系，行为的自律性与独立性，坦然面对挫折和诱惑，善于调控自己的情绪等。

2.肯定孩子的自我价值。通过表扬、赏识让孩子看到自己的优势，逐渐培养孩子的自信、自立、自我。懂得欣赏生活中的美丽和享受学习的快乐。性格特征中最核心的要素就是“自尊、自重、自强”。这是对高尚人格渴望与追求的最重要的内部动力。现代不少孩子的人格结构中普遍性地少了锐气，多了惰性，其原因就在于缺少“三自”精神。父母应该有意识给孩子提供多种途径组织有针对性的创造活动、志趣活动以及有助于个人特长发挥的活动，激励、扶植和推动孩子去获取成功，使他们从小就充满自信心、自豪感、成就欲。不断提升自我价值感，从而成就人格健康的孩子。

3.关注孩子的心理需求。需求是人的行为的基本动力。人的需求满足越充分，越多样化，其潜能的发挥就越充分，人格就越健康。因此，家长除了满足孩子认知需求之外，对于孩子的交往友爱、展现自我、获得认同和受到尊重、活动创造等方面的需求均应尽力满足，以利于孩子的健康成长。

4.学习不是压力。稳妥地调控孩子的学习负担，减轻孩子的心理压力，使他们在轻松愉悦的氛围中享受到学习的乐趣。

5.适当增加孩子在生活方面的挫折教育，培养他们自理自立的生活能力，从中学会生存。

6.给独生子女更多的关爱。因为独生的环境，在独生子女身上往往容易看到缺乏同情心，不善于合作等人格问题。因此，对于独生子女，父母应该给予更多的教育和关爱。引导他们学会和别人相处，让他们感觉到自己并不孤单。

7.父母做好榜样。在培养孩子健全人格的家庭教育中，父母以身作则很重要。要让孩子学好，父母需要不断提高自身的人格修养，在为人处世工作学习以至于日常生活等方面为孩子作出表率。每天不管多么忙，都要抽出时间和孩子在一起，与孩子进行平等的沟通，融洽亲子关系。要为孩子努力创造健康向上的家庭氛围。建设学习型的家庭，让孩子感受家的温暖并受到潜移默化的影响。

8.重视家庭和学校的配合。学校是对孩子进行专业教育的地方，给予孩子的教育更有计划。父母应该经常与学校和教师进行沟通，深入了解孩子在学校的表现，配合学校做好工作，以形成家庭与学校教育的合力。

9.发现孩子人格上的不良倾向，及时给予纠正。孩子有时禁不住社会的诱惑，难免会出现这样那样的问题，这就要求父母一定要给予高度重视。一旦发现孩子有人格缺陷，要给以适当教育或是请专业人员进行心理疏导。用以抵消或“淡化”那些不良人格品质，长此以往，其人格缺陷就能逐步得到纠正和消除。

第九章 让孩子学会学习

“未来的文盲不再是不识字的人，而是没有学会学习的人。”

——阿尔文·托夫斯（美国未来学家）

孩子的学习问题是一个家庭的头等大事。因为它关系到孩子的未来和前途，也关系到家庭、国家和社会的发展。学习是一个孩子未来成功的起点，帮助孩子迈向成功，就应该指导孩子把学习搞好。

金牌案例：理查德·费曼——父亲教会我学习

理查德·费曼（RichardFeynman），以量子动力学上的开拓性理论获1965年诺贝尔物理奖，曾对原子弹的发展作出过重要贡献，被美国人誉为是本世纪诞生于美国的最伟大的物理学家，有“新的物理学之父”之称。他还是一个独辟蹊径的思考者，超乎寻常的教师，尽善尽美的演员，一个热爱生活和自然的人。

理查德·费曼出生于一个犹太人家庭，但是父母从没有对孩子灌输宗教观念，而是从小就引导孩子接触科学。理查德·费曼的成功离不开父母这种教育教诲。在理查德·费曼很小的时候，父亲就培养他的学习能力，让幼小的理查德·费曼体会到了学习的快乐，并将学习与教育作为自己终身的事业。

理查德·费曼的父亲是怎样引导孩子学习的呢？

（一）将抽象的理论变得具体、有趣，引发孩子的兴趣。

当理查德·费曼还坐在婴儿椅上的时候，父亲有一天带回家一堆小瓷片，就是那种装修浴室用的各种颜色的玩艺儿。他把它们叠垒起来，弄成像多米诺骨牌似的，小理查德觉得很有趣，也学着父亲的样子去推它们就全倒了，小孩子哈哈笑了起来。可是，父亲告诉孩子：“我希望你能把这些推倒的小瓷片重新堆起来。不过，我不喜欢原来的样子，我想要它们变成两白一蓝，两白一蓝……你一定可以做到，对吗？”小理查德听了父亲的话，开始忙碌起来了。一旁的母亲忍不住就笑了起来，她对父亲说：“唉，你让小家伙随便玩不就是了？他爱在哪儿加个蓝，就让他加好了。”可是父亲却回答道，“这不行。我正教他什么是序列，并告诉他这是多么有趣呢！这是数学的第一步。”

理查德·费曼对于形状和简单的算术原理的初步认识就是从此开始的。

（二）激发孩子联想和想象的能力。

当孩子长大一点时，父亲经常带孩子去博物馆，还给他买了一套《大英百科全书》。每天，父亲都会给孩子读书，然后用通俗易懂的语言耐心地解释。后来理查德经常会愉快地回忆当时的情景：

父亲常让我坐在他的膝上，给我读里边的章节。有一次读到恐龙，书里说，“恐龙的身高有25英尺，头有6英尺宽。”随后父亲对我说，“呀，让我想一下这是什么意思。也就是说，要是恐龙站在门前的院子里，那么它的身高足以使它的脑袋够着咱们这两层楼的窗户，可它的脑袋却伸不进窗户，因为它比窗户还宽呢！”我想象居然有这么大的动物，而且居然由于无人知晓的原因而灭绝了，觉得兴奋极了，新奇极了。和父亲一起读书，没有压力，只有可爱的、有趣的讨论。

理查德从父亲那里学到把书本变活的方法，用想象、用思考，他开始明白学习、思考的乐趣。理查德说：“从那以后，我懂得了任何东西，我都要琢磨出它们究竟在讲什么，实际意义是什么。”

（三）教导孩子独立思考。

理查德的父亲常带着孩子去卡次基山。一次，在丛林中漫步的时候，他们看到一只鸟，父亲说：“看见那鸟儿了么？那是只斯氏鸣禽。”他接着说，“在意大利，人们把它叫做‘查图拉波替达’，葡萄牙人叫它‘彭达皮达'，中国人叫它'春兰鹈'，日本人叫它'卡塔诺·特克达'。现在你仅仅是知道了世界不同地区的人是怎么称呼这只鸟的，可是最终还是一点也不懂得它。我们还是来仔细瞧瞧它在做什么吧！那才是真正重要的！"

他又接着说，"瞧，那鸟儿正在啄它的羽毛，它为什么要这样做呢？"理查德想想，回答说，"大概是它飞翔的时候弄乱了羽毛，所以要啄着羽毛是在梳理整齐吧。"可是父亲显然不同意他的说法，"如果是那样，那么在刚飞完时，它们应该很勤快地啄，而过了一会儿后，羽毛就该缓下来了——你明白我的意思吗？""你是对的！"

"我们还是来观察一下吧，"他说，"它们是不是在刚飞完时啄的次数比较多。"

一会儿之后，理查德发现，鸟儿们在刚飞完和过了一会儿之后啄的次数差不多。"如果是这样，我真的想不出来了，你说道理在哪里？"理查德发现自己先前的结论是错误的。

"因为有虱子在作怪，虱子在吃羽毛上的蛋白质。虱子的腿上又分泌蜡，蜡又有螨来吃，螨吃了不消化，就拉出来黏黏的像糖一样的东西，细菌于是又在这上头生长。"父亲回答了孩子的疑问。又说，"你看，只要哪儿有食物，哪儿就会有某种生物以之为生。"现在，我知道鸟腿上未必有虱子，虱子腿上也未必有螨。父亲的故事在细节上未必对，但是在原则上是正确的。

（四）耐心回答孩子的问题。

培养孩子仔细观察的习惯。一天，理查德在玩马车玩具。在马车的车斗里有一个小球。当理查德拉动马车的时候，他注意到了小球的运动方式。孩子觉得很奇怪就向父亲求教，"爸，当我拉动马车的时候，小球往后走；而我把它停住的时候，小球往前滚。这是为什么？""因为运动的物质总是趋于保持运动，静止的东西总是趋于保持静止，除非你去推它。这种趋势就是惯性。但是，还没有人知道为什么是这样。"

对于儿子的疑问，父亲并不是只是给一个名词，而是告诉他一切。

接着，父亲又对孩子说，"如果从边上看，小车的后板擦着小球，摩擦开始的时候，小球相对于地面来说其实还是往前挪了一点，而不是向后走。”理查德跑回去把球又放在车上，从边上观察。果然，父亲说得没错。

理查德的父亲就是通过这样的方法让孩子拥有了求知的激情，让他看到学习的快乐。在父亲的教育下，小理查德很快就爱上了学习，在他认识足够的单词以后，他便开始自己读《大英百科全书》。很快，理查德被上面的科学和数学文章深深地吸引了。不久，他从父亲那里得到一本旧的几何课本，开始了他的数学学习。高中毕业之后，理查德进入麻省理工学院学习，最初主修数学和电力工程，不久又被物理世界的种种所吸引，攻读物理并获得了理论物理学博士学位。理查德卓绝的分析能力和学习能力让老一辈物理学家称赞不已，贝特就自豪地宣称：“费曼能做任何事情，所有的事情。”

案例启示：学习教育

教孩子学会学习，理查德的父亲做到了！

首先，让孩子喜欢知识。理查德的父亲很明白寓教于乐的道理。在玩耍中，他让孩子接触知识，引发孩子的学习兴趣，激发孩子的求知激情。然后，引导孩子掌握学习知识的方法。第一就是接触书本。第二，注重实践。第三，学会观察。第四，懂得独立思考。有了正确的学习观，有了有效的学习方法，小理查德才得以在学习的道路上一帆风顺。

然而，我们也看到了理查德的父亲注重孩子自然科学的培养，而忽视了人文素养的熏陶。尽管理查德在自然科学上表现出非凡的天赋，可是他始终不喜欢人文科学，认为历史和文学枯燥无味。即使到了成年后，他也不善于写作，因为英语的拼写实在是缺乏逻辑性。从小缺乏人文教育恐怕也是理查德这种观念形成的重要原因。我们认为，父母对孩子学习的教育本不应该厚此薄彼，否则对孩子综合素质的培养不利。这也是当代家庭教育应该注意的一点。

案例拓展：他们如何教孩子学习？

犹太人：让孩子热爱书本

犹太人被认为是世界上最智慧的民族，然而他们的智慧并不是天生就有的，更多源于犹太民族独特的学习教育。让孩子喜欢学习，最重要的是让他们热爱书籍。

对孩子的爱书教育是犹太父母世代延续的家庭教育。

“书是甜的！”在孩子很小的时候，犹太父母就会对孩子进行一项很特殊的爱书教育。当犹太孩子开始懂事的时候，他们的母亲会拿来一本《圣经》，在上面涂上蜂蜜，让孩子去吻《圣经》上的蜂蜜。从那一刻起，在孩子的意识中，书籍和蜂蜜的甜美画上了等号。而犹太母亲就是用这样方法让孩子在第一天接触书本的时候，就知道书本是甜的！

“书本是神圣的!”在犹太人眼中，书本是神圣不可亵渎的。在犹太人的思想观念里，烧书是绝对禁止的行为，即使这本书完全是在攻击犹太人的，他们也会善待书本。当孩子长大一些的时候，父母就会有意识将犹太人爱书的理念传承下去。犹太父母会逐步教育他们爱书、珍惜书本。他们要求孩子对书本要恭敬。每一次读完书，都要把书恭恭敬敬地放到书柜里。犹太人的书柜一般都在床头，不会放在床尾。书和他们的头排在一起，就是表示对书本的尊敬。这样的教育让犹太年轻人爱书成疯。在人均拥有图书、出版社以及年轻人人均读书数量几个比例数字上看，以色列超过了世界上任何一个国家，为世界之最。

“生命结束有时刻，求知却永无止境。”古时候的犹太人在他们死后长眠的墓地会时刻摆上一本书，说是在夜深人静时，死者会来看书。在犹太人的眼中，人的肉体固然逝去了，但是，人的灵魂仍然需要知识的补充。

犹太人教育孩子爱书，因为书本是知识的承载。犹太父母要孩子喜欢书，就是要他们热爱知识。因为知识是追随孩子一生的东西，任何人都无法夺走。知识可以创造一切，当孩子拥有了知识，他们就可以在这个世界生活得更好。

“假如有一天你的房子被烧毁，你的财产被抢光，你将带着什么东西逃命呢？”

“不是金钱，也不是钻石，你要带走一样没有形状、没有颜色、没有气味，却和你的生命一样珍贵的东西，那就是知识！只有知识可以陪伴你的一生，也只有知识可以让你拥有整个世界。”

“生活困苦之余，不得不变卖物品以度日，你应该先卖金子、宝石、房子和土地，到最后一刻，仍然不可以出售任何书本。”

我们有理由相信：犹太父母教会孩子爱书，爱知识，他们就把整个世界交到了孩子的手上！

英国：和孩子一起读书

父母和孩子一起读书是引导孩子学会学习的一个很好的方法。在读书中，不但孩子的阅读水平得到提高，而且，父母还可以通过读书教会孩子思考、学习的方法，引导孩子学会学习。英国父母很早就发现这一点，并在他们的家庭教育中，忠实地贯彻下去。

在英国，国家文学联合会会定时发起“鼓励家庭阅读”的活动。英国人认为：坚持陪孩子读书，是父母可以给孩子的最好礼物之一。父母和孩子在一起读书，还可以促进父母和孩子之间的交流。父母陪孩子读书比其他因素更能提高孩子的综合素质，比如父母本身就有良好的教育背景、社会地位等。

Elizabeth 家有一个装饰豪华的书房，在那里有各种各样的图书。天文地理、知识百科，以及专业书籍，应有尽有。每天，Elizabeth 感到最幸福的时候，就是家庭读书会。“晚饭后，就是我们的家庭读书时间，我的父母不管工作多么繁忙都会在那个时候和我们在一起，一起读书，一起谈论。我会给他们读我喜欢的莎士比亚，妈妈甚至会给我们读诗集，爸爸则为我们读一些天文地理的书籍。然后，我们大家一起讨论，我们会给彼此建议要求他把那一段抄录下来，因为它们听起来太棒了！父母还会教我们一些朗读的技巧，给我们讲一些相关的知识！你不知道，那是一件多么有趣的事情！”

Elizabeth 的父母告诉我们，家庭读书会是从孩子一出生就开始了！他们从很早就布置了大书房，最先里面只有婴幼儿读物和父母的工作用书。“在我们自己读书的时候，我们通常会把孩子带进书房，即使那个时候她还是个婴儿。”Elizabeth 的父亲说：“孩子们都很喜欢模仿父母的行为，希望参与父母的生活，当看到你经常读书，孩子们也会主动地去摸书。”“我们还会在孩子睡觉前为孩子读书，读童话，读科普故事，也会让孩子听诗歌！”

随着年龄的增长，Elizabeth 开始习惯并喜欢上读书，于是父母开始引导孩子自己去读书、自己去思考。每天晚饭后，Elizabeth 的父母就和孩子一起到书房，让孩子为他们读上一段自己喜欢的书，然后，他们会问：“宝贝，这段很好，也许你可以想想，它为什么要这样写呢？假如你是作者会怎么写呢？或者你是主人公又会怎么做呢？”父母通过这样的问题，让 Elizabeth 思考她手中的书，真正地理解书。

当然，引导孩子读书，还有一个更重要的作用就是了解孩子真正喜欢怎样的书。“我们应该让孩子自己选择喜欢的书！因为只有那些让孩子在生活中感到快乐的书才会引发孩子的兴趣！”Elizabeth 的父亲这样说。读书会上，他们发现，Elizabeth 对文学名著的兴趣浓厚。于是，书房里开始多了很多文学名著。当然，父母也不是希望 Elizabeth 只是读文学，他们会适当给孩子介绍一些经典的自然科学书籍，和孩子一起阅读。

现在，Elizabeth 家的读书会依然在进行中。Elizabeth 的阅读、理解水平也比同龄人高得多，对于课堂知识的吸收也更加容易。更重要的是，对文学的浓厚兴趣让 Elizabeth 为自己定下了职业目标——一名专栏作家。

那么如何让孩子爱读书，并能引导他们如何在书籍里学会学习？Elizabeth 的父母给了我们如下的忠告：

1.把书籍分为必读书和孩子喜欢的书。

2.如果一本书的前几页不能让孩子有兴趣，就不要让孩子有头有尾地阅读。因为阅读完全是由孩子自己内心有所企求才读的，即使这本书是自己喜欢的，也未必从头到尾都合乎孩子的要求。当然有些必读书除外。

3.必读书就得要求孩子一字一句地去阅读。

4.讨论一个问题或者是某个评论之类的文章，如果孩子没有兴趣，就不要硬着头皮让孩子一字一句去读。有些书籍厚达几百页，可真正所要说的东西只占几十页，如果以二三十页就可以了解作者的论点，就不需要去阅读那些冗长无味的叙述了。

5.有些书籍，只需要孩子阅读序言就可以了解该书的主题和作者的态度，有时若能先阅读序言，就不必阅读全文了。

6.有些书籍可以先浏览目录，选择有趣的部分来读。

7.真正的读书，并非按部就班地读那些铅字，读书主要的是能随心所欲，阅读自己所要读的书籍，把握自己所需要的部分，跳过自己所不需要的部分。

8.不要让孩子认为读书就是记忆，若不能记忆，不能算是读书，这种念头会让孩子视读书为畏途。

9.凡是孩子专心阅读的书籍，即使未曾记忆，也能让孩子在精神上得到有益的汲取。

10.对于读书感到索然无味的孩子，往往是未能找到他自己所需要的书来读，或者说是盲目地听从了社会的批评或是相信书店的广告。

11.让孩子不要对书籍望而生畏，让孩子随着自己的意思去读书，这就是最为重要的原则。只有这样，读书才能给日常生活带来无穷的喜悦。

美国：帮助孩子定一个时间表

美国教授 Michael 是一个望子成龙的父亲，但是他又不希望忽略孩子兴趣的发展，因此，他总是给孩子定下一个计划，让他在最有效的时间里，完成最多的事情。他说："给孩子定一个计划表，把孩子要做的功课和要做的事情都写在上面，这样你的孩子在学习和生活上就会有条不紊。""孩子都是贪玩的，他们喜欢学习各种活动，喜欢体育，喜欢唱歌，喜欢游戏。当孩子把大量的时间和精力去做这些活动时，他们正常的学习安排就会受到影响，这个时候，就需要我们给予及时的帮助，不要让他们的生活变得杂乱无章。"

Michael 帮助孩子定下了一个很详细的时间表。让孩子把他自己要做的事情写在上面，包括学习、游戏或是参加活动。他告诉孩子：每一件事都有属于它的时间段，自己要做的就是在有限的时间里，完成要做的事情。最初，孩子实行并不顺利，总是会用一件事情占去两件事情的时间。于是，Michael 就和孩子一起找原因，不断调整时间表，让它更加适合自己的孩子。然后，在一旁不断地提醒，学习的时间放在了他最清醒的时候，按时提醒孩子去完成自己的计划。为了让孩子记住每一门要做的功课，他们在孩子的时间表上加上备忘录，把要做的功课标上去。这样一来，孩子不但可以记住所有的课业，而且还可以在最有效的时间里完成学习。有了效率，孩子的功课不但提高了，而且玩耍的时间也变得多了！

Michael 的时间计划实行一年了，孩子不但不再需要提醒和监督，还会主动自己定计划、按时完成。有时，因为各种事情影响了计划的顺利实现，孩子还会加班完成，做事也变得有条理，学习也更加有信心，成了学校的全优学生。

给孩子一个学习时间表，不仅 Michael 培养出来全优学生，萨拉则培养出了一位美国总统。这就是，富兰克林·德拉诺·罗斯福，美国历史上唯一一位连任四届的总统，他的成功很大程度上得益于母亲定下的时间表。

罗斯福的母亲很重视孩子的作息习惯培养，在她看来，读书或是学习应该在最有效率的时候完成。于是，她为罗斯福安排了很严格的作息时间表：上午 7 点起床，8 点早餐，然后跟家庭教师学习 2～3 个小时后休息。13 点吃午饭，午饭后再学习到 16 点。美国伊利诺大学的一位医学博士发现：人在上午 10～11 点注意力和记忆力最好，在下午 15～16 点创造力最旺盛。小罗斯福的学习恰恰被安排在精力最充沛的这段时间里。因此，他的学习效率一向很高。高效率让罗斯福始终保持旺盛的精力和充沛的干劲。

加拿大：重视学习过程和结果

“父母通常只是会重视孩子的学习结果，如果孩子在学校获得一个好成绩，那么感觉他一直在用功。一旦孩子的学习成绩下降，那么就一定是他没有用功。”这是茱莉亚曾经的认识。她的儿子过去在阅读上一直很用功，可是茱莉亚总是把他的成绩看做是他用功的标准。直到有一天，儿子向她诉苦，自己也许真的没有阅读的天分，因为他每天在阅读上花了很多的时间和精力，可是总也达不到要求。“那个时候，我才发现，儿子其实一直在用功。我却熟视无睹。而我的做法几乎是在毁掉儿子对阅读的兴趣。”

后来，茱莉亚向孩子的老师请求帮助，希望能保住孩子的兴趣。老师建议茱莉亚给孩子提供一个“无风险”的宽松学习环境。如果茱莉亚不给儿子很多压力，孩子就会在愉快的环境中学习，让他逐步爱上阅读，培养语言兴趣。而且，她应该重视儿子每一次的努力，不管结果如何，只要是付出了努力，就应该得到认可。这样做，也许不久之后，孩子就会领略到阅读的幸福。老师的话让茱莉亚茅塞顿开。她开始转变教育儿子的办法。

每天，她总会抽出时间来和孩子聊聊他的阅读训练进行到什么样的阶段，有什么心得，每一次只要发现孩子很认真地去训练，她都会鼓励孩子。即使成绩提高并不快，她也不会让孩子难堪，而是对他说：“你还是很棒的，一直在坚持呢！也许下次我们只要再加油就可以了不是吗？”没有了压力，孩子在阅读训练时，变得更加轻松了，他开始主动地学习，享受每一次的进步。阅读在他看来再也不是难题了！很快，孩子的阅读成绩就提高了。

英国：培养孩子的专注力

史宾塞（1820—1903）是19世纪英国最重要的思想家、社会学家和教育家之一。史宾塞的教育方法，被称为过去一百年对欧美父母和老师影响最大，也培育出各个领域最多优秀人才的教育方法。

史宾塞的教育理论，其实是从他做为一个父亲教育自己的孩子开始，一步步学习和累积成的。小史宾塞是史宾塞远房亲人的孩子，因为家庭变故，而由史宾塞像父亲一般教养长大。小史宾塞很小的时候，史宾塞就开始培养他自我学习和专注的能力，启发他了解专注的含义，再通过有趣的事，培养他专注的习惯和体会专注的快乐。他常问小史宾塞，为什么燕子在春天飞来，深秋的时候又飞走？为什么太阳白天升起，黄昏又落下？

小时候，观察蚂蚁是小史宾塞最喜欢的事。于是，史宾塞就提议把蚂蚁王国的情况彻底弄清楚，其他事则一件也不做，即使其他小朋友来约也不去。史宾塞鼓励孩子和自己一起查数据到制作卡片等，他们准备 10 张小卡片记下关于蚂蚁的问题和书籍，就这样花了一天时间，弄清楚蚂蚁的问题。在这样的教育下，小史宾塞开始习惯在一段时间只做一件事；一本书没有看完，不去看第二本，除非他决定放弃；一幅画没有画完，不去画别的；做一件事时，不想其他的事。

渐渐地，这孩子总能从专注地做一件事中找到乐趣，少了浮躁，养成了专注的习惯。史宾塞说：“当然，我也不去限制他对其他事物产生兴趣，但总鼓励他在一段时间内做一件事情，或对一个东西感兴趣，并把它彻底弄明白。”“一旦形成了专注的习惯，孩子的心智潜能是非常巨大的。”

美国：帮助有学习障碍的孩子

什么是学习有障碍的孩子？美国人认为：理论上讲，当一个孩子的在校成绩低于根据他的智商所预计的成绩，或者他实际取得的成绩和根据他智商预料的成绩之间的差异，又不能被解释为成熟较晚，缺乏学习动力或是患上诸如听力丧失之类的疾病时，他便被归于“无学习能力”的行列。

米歇尔的儿子就是这样的一个孩子。他在诵读方面有天生的缺陷，在医学上被称为“诵读困难”。但是，这样的一个孩子在米歇尔有意识的训练下，甚至比同龄的孩子拥有了更高的诵读能力。她告诉我们：即使是有障碍的孩子也能成为天才的，关键就在父母。

永远不要放弃。“尽管我的孩子患有‘诵读困难’，最初他的成绩一直不好，但是我从来没有认为他就是个笨蛋。”米歇尔说，“不要放弃，即使全世界都放弃了孩子，父母也不能放弃他们。而且，千百年来，学习障碍者有成就的大有人在，我们为什么不认为自己的孩子也是未来的天才？当然，我们要做好心理准备，发掘天才的过程并不那么轻松！”

从最简单的发音开始。米歇尔说：“当我意识到我的孩子可能会在阅读方面有问题的时候，我首先做的就是从发音开始训练他。每天，我都会让孩子听诗词、歌词，甚至是绕口令。和孩子说话时，我会用最标准的发音。尽管孩子接受得慢，但是环境的熏陶对他有益无害。”

在家里给孩子设计随时学习的场所。“我总是在家里教孩子。”米歇尔说，“我会和孩子一起玩填词游戏，给孩子读他喜欢的书籍，和他一起玩猜字游戏等。”米歇尔通过这样的方法给孩子一个随时学习的环境。

帮助孩子学习课堂知识。“最初，儿子总是对阅读课的作业愁眉不展，我问他原因，他会告诉我，他总是忘记老师教的内容。”“为了给儿子解决这样的问题，我让孩子把阅读课老师所讲的内容录下来，然后回到家里，我和他一起学习，一旦孩子听不懂，我们就不停地听，直到他可以顺利完成作业。”

通过不懈的努力，儿子开始对阅读产生了极大的兴趣，他总是积极主动地不停地训练自己的阅读能力。几年之后，他已经和同龄人拥有同样的水平，却比同龄人更善于学习。

拓展链接：

学习教育行之有理

孩子学习成绩不佳，也许你要承担很大的责任！

家庭教育应该是传授给孩子学业成功的价值观和行为方式的主要途径。美国教育研究者曾做过一个有关学习成绩与家庭环境之间关系的民意调查。通过对两千多名学生的考试成绩和问卷调查，他们发现一些很有趣的事情：

和睦的家庭能够让孩子在学业上占优势。双亲家庭孩子成绩比较优秀，经常和孩子一起用餐的孩子成绩比较好。

家庭的幸福程度和父母的背景对孩子成绩起着至关重要的作用。于是，他们向美国父母发出倡议，给孩子一个幸福的家庭，也许你的孩子就会有很好的成绩！今天，美国父母都会在家庭中注意孩子的学习教育。

可是，与美国的父母相比，我们就逊色很多。

有的父母喜欢进行“不管”学习教育。他们把孩子的学习教育寄希望于学校，认为学校就是教孩子学习的，而父母只要做好后勤部分就成了。

结果，孩子在父母那里得不到回应，对学习的兴趣逐渐减弱，最后产生厌学情绪。

有的父母则是“乱管”学习教育。孩子成绩一不好，父母不是唠叨、埋怨，就是一顿好打。在他们看来，管得越多，孩子记得越牢。殊不知，这样的胡乱教育只会让孩子对学习更加厌烦。

有的父母对孩子的学习完全包办。父母就是孩子学习的保姆，他们不是教孩子算术而是帮他们做作业，不是教孩子写作而是替孩子写作文。父母认为是给孩子减压，其实不过是助长了孩子在学习上对父母的依赖，严重影响了孩子学习主动性的发展。

这也不行，那也不对，我们应该怎么样提高孩子的成绩呢？父母在思考，也在苦恼！

学习教育行之有法

指导孩子学习，我们首先要明白，不管不行，乱管不成，包办不对。要懂得引导、发掘优势、学会合作、理解孩子。

1.孩子要喜欢学校。让孩子喜欢学习，最重要的是让孩子们喜欢学习的地方，让他能在学校生活中找到快乐，认为在学校学习是一件很开心的事，不是一件痛苦的事，只有这样，他们才愿意遵守学校的规则，在学校学习。父母多和孩子谈谈学校的事情，多和老师沟通，了解一下孩子在学校的学习，让孩子在学校也能感受到你的善意关怀，他就不会把学校看做一个可怕的地方了。

2.保持孩子愉快的学习情绪。了解孩子自身的学习能力，和孩子共同设计一个可行的学习目标，不要让孩子感受到学习的压力。用自己的好心情影响孩子，和孩子一起学习时，不要总是不耐烦，保持心情愉快，这种情绪会让孩子感觉到学习本身就是一件愉快的事情。

3.引发孩子对学习的兴趣、激发孩子的求知欲。周末带孩子去公园、树林或去爬山，让孩子产生了解大自然的兴趣；节假日经常带孩子到大书店去逛逛，让孩子随意地看书、翻书，并尽可能地把孩子喜欢的书买回来，满足孩子对书的渴望；晚上散步时把孩子带入附近的高等院校，让孩子看大哥哥大姐姐们埋头看书学习的晚自习，从而使孩子产生“我要学习”的愿望。

4.发掘孩子的学习潜能。给孩子定一个目标，引导他向自己的目标前进。给孩子一些表扬，让孩子体会到学习的成就感。带孩子接触各种知识，寻找孩子的兴趣点，并有意识地进行开发。

5.培养孩子良好的学习习惯。让孩子养成良好的作息习惯。比如早睡早起、自己整理书包文具、自己穿衣洗漱等。养成这些好的作息习惯，对于孩子上学以后生活得平稳顺利十分有利。让孩子坐得住。根据少儿的生理条件，以15～20分钟为一个时间段，要求孩子学习时段必须专心，不得离开座位，不得喝水吃东西，不得干任何杂事，直到学习时间结束才能去做其他的事情。开始，孩子并不能接受，但长此以久，顽皮的孩子开始对学习时间有了感性认知，学习的态度趋向专注。学习是孩子自己的事情。父母应该在最初就告诉孩子这个道理。让孩子认真写字，喜欢读书、思考。

6.用努力而不是用分数去评价孩子。父母不应过分重视孩子的成绩，而要看孩子的整体性表现而加以称赞。如果孩子尽了力，也得不到好成绩，家长应表示理解，不要让他有过分的压力。

授之以鱼不如授之以渔。传授孩子知识，不如教会孩子学习，让孩子学会用自己的眼睛去看世界，用自己的语言去表达观点，用自己的头脑去思考判断，用自己的办法去解决问题。只有这样，我们才能培养出善于学习、善于思考的人才，使我们的孩子能够独立面对社会、适应纷繁陌生的环境，从成功走向新的成功。

第十章 让孩子学会生活

不能把小孩子的精神世界变成单纯学习知识。如果我们力求使儿童的全部精神力量都专注到功课上去，他的生活就会变得不堪忍受。他不仅应该是一个学生，而且首先应该是一个有多方面兴趣、要求和愿望的人。

——苏霍姆林斯基

教育即生活。在孩子的人生旅途中，不但需要学业优秀、事业有成，而且要懂得生活！不懂生活的孩子即使拥有令人羡慕的学历与成就，也不会拥有幸福的人生。

金牌案例：泰戈尔的多彩人生

泰戈尔是一个多才多艺的诗人，文、史、哲、艺、政、经等范畴，他几乎无所不精。他的作品充满了鲜明的爱国主义和民主主义精神，同时又富有民族风格和民族特色，具有很高艺术价值，深受人民群众喜爱。他的成长得益于父亲严格而又得法的家庭教育。他出身于一个豪华富贵的大家庭中，父亲是受人尊敬的一个智者。父亲除了潜心研究印度宗教圣典和西方哲学书籍之外，还爱好旅游。

泰戈尔 12 岁那年，父亲为他主持了成人仪式。仪式举行后，父亲问他愿不愿意跟他一起去喜马拉雅山旅游。泰戈尔高兴得几乎要跳起来了。他当然愿意！

他们到达的第一站宿营地是桑地尼克坦，那里空旷无涯，广阔的原野，坦露的荒地，还有那错落有致的沟沟壑壑，在蓝天白云之下，像是一幅浓笔重彩的大油画。壮丽的景色深深感染了泰戈尔，他第一次获得了在空旷的大自然里自由遨游的乐趣。他们继续向喜马拉雅山进发，沿途游览了许多地方，还特地参观了阿默尔特萨尔的金庙，和那些虔诚的信徒在一起，吟唱锡克人的颂神曲。抵达喜马拉雅山麓时已是阳春 3 月，但山区的春天却是姗姗来迟，他们稍事休息之后，便向海拔 7 000 英尺的德尔豪杰峰攀登。途中要经过几个 7 亩营地，他们或步行，或骑马，或坐轿。山路两旁，古松参天，春花初绽，云飞雾绕，鸟语声声，皑皑白雪在峰岭闪烁，山路自下盘旋而上，沟壑万丈，层林叠翠。这一切，对泰戈尔来说都宛如天堂，闻所未闻，见所未见，一颗好奇和探索的童心完全陶醉在这山区的美景之中了。他们到达德尔豪杰峰后，住在自己早已购置的小屋里。每当太阳从东方的峰岭喷射出万道金光时，泰戈尔和父亲早已在户外散步了，然后回到屋里读一个小时英文，读完就到冰凉的水里沐浴，下午仍是读书，讨论宗教问题，晚上则是坐在星空下，听父亲讲天文知识，欣赏高山美丽迷人的夜色。父子俩在那里整整度过了四个月的旅游生活。

这次旅游，使泰戈尔和喜马拉雅山结下了不解之缘，留给他许多终生难忘的美好记忆，他后来称喜马拉雅山是“蛰居在心灵上的情人”。后来，怀着深深的眷恋，他曾多次攀登喜马拉雅山。1916 年出版的诗集《飞鹤》，就真实地记录了他这些游览活动的感受。以后，泰戈尔和他的父亲又在喜马拉雅山脚下的桑地尼克坦买了一块地，建了一幢住宅和一座花园，他们常去那里游览休假。他还在那里创立了植树节和开犁节，使当地植树造林蔚然成风。泰戈尔的生活已经与桑地尼克坦紧密地联系在一起，他通过在那里的许多实验活动，扩大和增进了自己对所热爱的大自然的亲近感，饱览了美丽的自然风光，熟悉了普通人民的生活情形，这对他的诗歌创作产生了极为深远的影响。

案例启示：生活教育

泰戈尔的父亲是一位聪明的教育者，他不但要孩子拥有渊博的知识，更给了他接触自然、理解生活的机会。正因为如此，泰戈尔的世界不仅仅是枯燥、严格的贵族教育，还加入了丰富的生活、自然、生命教育，于是，他对人生的感悟变得如此的精彩和美好！

让孩子学会生活可能比学会学习更重要。孩子会学习，可以保证他有一个光明的前途，而孩子学会生活，则意味着他将拥有幸福的人生。

案例拓展：他们怎样让孩子学会生活？

法国：感性教育下的高品质生活

法国孩子的生活中从不缺乏艺术的熏陶。法国被称作是热爱艺术的国家，父母在孩子很小的时候就对孩子进行感性教育，引导孩子热爱艺术，欣赏美。在他们看来，发现美和创造美的能力都是一个人生活的重要组成部分，没有这些，孩子们的人生就是不完整的。

约翰还是个小孩子的时候，父母就带着他去参加各种艺术活动，让他亲身感受生活与艺术。当约翰的年纪大一些，父亲就会给他讲解图画的配色、素材、明暗、构图等，建筑的构思、风格以及线条。父亲讲解完后，还会给孩子提问："宝贝，怎么样，你怎么看它们呢？"这种有意识的培养，让约翰对于美术和艺术都有自己独到的见解。看到一幅图，他也会很有条理地给你讲风格、色彩，最重要的，他会告诉你，他很喜欢这样的感觉，让人很舒服。

除了让孩子观摩艺术品，约翰的父母还会鼓励孩子自己去创造。他们为孩子买了很多手工材料和绘画工具。只要有时间，他们就和孩子一起创作。即使孩子的水平并不高，他们也不会不高兴。"我们只是要孩子把自己心中的美创造出来，我们其实并不是要他去做艺术家！"约翰的父母说。他们还引导孩子欣赏文学作品，根据自己的理解画出作品中的内容。每周，他们还要带着孩子去郊外，欣赏自然的脉动。闲暇时间，约翰也会和父母一起听音乐，一起讨论音乐的感受。尽管约翰是个男孩子，母亲也会和他谈论衣服的搭配、色彩的选择，因为这些都是生活中最基本的常识。

父母做的一切都是要约翰尽快地理解艺术，让他更加理解生活，善于寻找生活中的美。只有看到生活中的美，孩子才会爱生活，才会努力地去生活！

加拿大：让孩子去玩

孩子的生活中应该有玩耍！趁孩子的脑部发育还没有停滞、可塑性还很大之前，尽量给孩子自己灵活运用的玩乐时间，给孩子空间去让他发挥想象力，比把孩子安坐在教室里填鸭式地学习要好得多，更能增进孩子的脑部发育和四肢灵活。自己发现的有趣尝试，与别人告诉你的既定知识，前者造就的是发明家，后者则只是产出很有办法考试的好学生。这是加拿大人普遍的认识。加拿大的孩子很少有家庭作业，家里父母一般不会把孩子的学习当做最主要的问题。在他们看来，孩子就应该整天轻轻松松地生活，他们的生活不能缺少游戏和玩耍。而且，会玩的孩子才更有创造力。

在社区里，每相隔五六百米就建有一个儿童游戏场，设有秋千、滑梯、摇马以及攀登设施等，供孩子们玩耍。每天，父母不管自己的工作有多忙，都会抽出一定的时间和孩子一起来到外面玩耍。周末时候，父母还会带着孩子远足，去农场，即使条件不允许，他们也会带着孩子去公园玩耍，让孩子可以亲近自然。

在玩耍中，加拿大的孩子学到更多书本上没有的知识，他们变得热爱生活、喜欢自然，同时，懂得了人际交往的规则。更重要的是，孩子在游戏中感受到了快乐，这样的经历对孩子而言是无价之宝。

因此，父母应该把玩耍的时间还给孩子，让他们充分享受生活赋予他们的快乐。

日本：让孩子学会做饭

孩子应该学会做饭，这是日本人对孩子生活教育的最早一步。在日本人的观念里，吃饭是人类生存的最基本方式，如果饭都不会做，孩子还谈什么独立生存？正是基于这种原理，他们放心地让孩子走进了厨房。为此，甚至成立了专门教他们学习烹饪的学校。

桥本是一位和我们一起学习的日本朋友。当他听说我们并不会做饭时，很惊讶！“在日本，即使是几岁的孩子也会做饭的！”桥本告诉我们。然后，给我讲起了他学习做饭的经历。

学习做饭是在桥本2岁的时候，妈妈给他做了一个示范，告诉他一些应该注意的事情，就要他自己实践一下。可是，桥本的个子根本够不到砧板，向妈妈求救。妈妈让他自己想办法。他转来转去，发现了小椅子，立即搬过来. 再爬到椅子上，这下，正好可以够到砧板了。可是，站在椅子上毕竟不太稳固，他干脆把砧板搬到地板上，跪在地板上。

“你还是个小孩子，父母就要你动刀和火，他们不怕出事吗？”我向桥本发问。

“可是，他们已经告诉我注意事项了，也教会我怎样使用这些东西。能出什么事情呢？”桥本惊讶地看着我，“而且，妈妈在一旁呢！她会给我必要的指导不是吗？所以我根本不用担心！”

“也许你们不知道，在日本人看来，让孩子学会做饭，不但是让孩子学习一种生活技能，更重要的是培养孩子的生活能力。孩子学习烹饪，就学会了基本的生活技能；在学习烹饪的过程中，孩子了解到各种食物的属性，尝到了酸甜苦辣，见识了赤橙黄绿，有利于“五觉”的开发；孩子在厨房里学会保护自己，明白什么是危险，积累了经验；孩子了解了动植物的知识，亲自接触了这些动植物……

“最重要的是，”桥本说，“烹饪培养了孩子吃苦、做事细心和完美主义精神。”见我没听懂的样子，他又详细解释了一下：“夏天，本已很热了，还要面对炉火，这需要吃苦精神；烹饪一道菜肴，要选料、洗涤、切煮、下涮料、看火候，如果不细心处理，是无法做出美味的菜肴的；菜肴的好坏需要别人评价，如果做得不好，就没有人吃，所以，孩子会要求自己精益求精，反复尝试，一定要达到色香味俱全……”“这些不是我们生活中必要的吗？”

“而且，自己学会做饭，其实是一件很幸福的事情！”桥本说。

犹太人：学会交朋友

因为受到迫害，长期居无定所，所以犹太人很重视人和人之间的情谊。

犹太父母通常会教导自己的孩子珍惜友谊，学会交友。同时，还教会孩子要懂得鉴别真正的友谊，这些都是让孩子可以更好地生存下去。如何让孩子懂得交朋友，犹太人很有心得，也许可以给你些参考！

1.创造平等和谐的交往氛围

父母不能摆出“长道尊严”的面孔训斥孩子。家庭中涉及到孩子的问题，更应想到孩子，听听他们的意见。家庭中的大事，孩子可以知道的应该让孩子知道，适当地让孩子“参政议政”。

2.教给孩子基本的交往技能

孩子的交往技能，如分享、轮流、协商、合作等，需要父母长期地在潜移默化中传授给孩子。

3.鼓励孩子走出家门

与他人交往的技能也只有在和他人进行交往的时候才能学会的，家长应该学会尽可能多地为孩子打开生活的空间，并且多鼓励孩子走出家门，还要学会广交朋友，让他们学会更多的交往机会。比如说：让孩子去找伙伴玩，邀请邻居家的小孩子、同班同学来家做客。心理学家指出，同时对指导或者训练儿童掌握社会交往技能，能够帮助孩子走出孤独这一点是具有特殊作用的，因为这种技能，儿童是不能够在成年人那里学到的。还应该学会适当地带孩子进入自己的社交圈，或者是外出做客的时候，尽可能地带上自己的孩子参加，提醒孩子还要注意大人间的交往和谈话之间的礼貌；如果家中有客人来了，还要把孩子介绍给大家，让孩子更多地参与到接待、倒茶、让座、谈话等这些礼节中，不要一味地将孩子赶走。让孩子在这些实践之中学习交往，这样还有利于消除孩子在交往中的胆怯、恐惧心理。在平时家长还可以有意识地让孩子去完成一些需要交往的任务，比如说去楼下小店买一些日用品，帮忙把什么需要转交的东西送到哪里等。总而言之，有很多能够帮孩子学习交往的机会都能在生活中学会，家长只要能够在平时多花点心思注意并且利用一下就可以了。

4.鼓励孩子的每一点进步

在父母的悉心帮助下，孩子在与他人交往的时候一定会有明显的进步，一见陌生人就胆怯退缩不敢说话等情况一定会有所改变。但这时候，别忘了，父母还有一件十分重要的事要做：及时地去发现孩子的每一点变化——课堂上勇敢地举手发言，第一次主动和老师打招呼，热情地邀请同学来自己家做客，向一个陌生人微笑致意，购物时学着讨价还价，同情弱者，帮助他人——所有这一切，父母都要随时看在眼里，记在心里，并持续不断地鼓励孩子。如此坚持下去，你一定能看到孩子的良好表现而倍感欣慰。

5.识别真朋友

为你的孩子讲一些什么是真正朋友的故事，把自己的感受讲述给孩子，这样才能使孩子更清楚地体会到真正朋友的重要和意义。

澳大利亚：吃苦也是生活的一部分

生活不都是甜的，澳大利亚父母总是找机会让孩子“吃苦”，就是要他们理解生活的真实。尽管澳大利亚属发达国家，人民的生活较为富裕。然而，富裕的澳大利亚人却信奉：再富也要“穷”孩子！

曾在网上看到这样一个故事。在悉尼的妇科医院里，一对夫妻来做二胎检查，妻子进诊室面见医生去了，丈夫便带着2岁的女儿在外面大厅等候。少顷，女儿嚷着要喝水，于是父亲便在身旁的自动售货机上顺手扯了一个免费纸杯，走进厕所接了一杯自来水便递到孩子手里——那父亲不是买不到饮料，自动售货机正在出售一元一杯的可口可乐和橙汁；而他也不是买不起饮料，他是一家体育用品公司的主管，年薪15万美元。“让孩子了解生活的真相，才能让她珍惜自己的一切！而且，我们让孩子做最普通的人，是对她的未来负责！”这位父亲这样说。

这种“穷”待孩子的现象并非个别。澳大利人爱自己的孩子就要他们能够真实地认识生活，这样做会让孩子逐渐变得独立，变得自信。

“孩子应该比大人少穿一件衣服”，这是澳大利亚邻居见我把孩子包裹得像一个棉花团时说的话。事实的确如此，就是在最冷的月份，也很少见哪个澳大利亚人的孩子穿棉衣和防寒服，最多也只是“短打扮”——外面加一件绒衣，便无事一般行进在寒风中。而一到太阳出来，便将绒衣脱去，只穿短衣、短裤、短裙。每日傍晚训练结束时，常见父母陪着光头、光脚、只穿背心短裤的孩子从学校出来，尽管寒气袭人，但很少有家长大惊小怪，为孩子拎鞋、戴帽、披衣。

孩子不应该娇惯。每逢给孩子注射防疫针的日子，社区儿童保健站里便排成长龙。排队中，便常见家长将还不会走路的孩子甩到地上（地上铺有地毯），任其去爬、去啃、去打滚，孩子哭喊，也只是安慰两句，绝对看不到一哭就抱的现象。

孩子不能时时想着依靠父母。澳大利亚人酷爱勇敢者的运动——冲浪，无论是炎夏还是寒冬，父母都常带孩子去海滩。小孩子褪尽“束缚”，光着脚丫自己去玩沙、玩水；稍大一点的孩子便跟着父母下海冲浪，呛水的现象时有发生，但父母最多也只是为其拍拍背，便鼓励孩子再次下海搏击冲浪。某日到海滩散步，在远处看见一个孩子冲浪回旋时栽了跟斗，我便情不自禁地大叫起来：“救人。”而正在近处的孩子的父亲却不慌不忙对我说：“那里水浅，淹不死人。”

美国：运动也是生活的一部分

美国人重视孩子的体育运动，就像我们中国人重视孩子的学习成绩一样。从孩子刚会走路，有心的父母亲就带着孩子开始了各种各样的体育活动。

阿莱希欧博士有四个孩子。她的几个孩子都是从三岁开始就参加体操训练。我去看过她的孩子的体操训练。那么小的年龄，当然也学不到什么，无非是学学翻个跟头、举举手、弯弯腰什么的。有时干脆就让孩子在大蹦床上一个劲儿地跳。但阿莱希欧博士从没让孩子缺席过。

在学体操的同时，阿莱希欧博士又带着孩子去学溜冰。看三四岁的孩子学溜冰很有意思。一开始孩子在冰面上根本就站不稳，教练就给每人一个塑料墩子，让孩子扶着在冰上走。一个季节训练下来，大多数孩子都学会滑冰了。训练班结束前，还会搞汇报表演，让孩子们在冰上溜一溜，排个队什么的。家长，亲戚朋友，都会去捧捧场，给孩子鼓鼓掌。

当孩子长到四五岁时，足球训练又开始了。在这个年龄段，在不同的季节，还有垒球、游泳、篮球。一年四季，每一个运动季节，每个孩子都一定参加一项或两项运动。

去年，阿莱希欧博士最大的孩子10岁，最小的3岁。为了带孩子参加训练和比赛，她和丈夫古瑞克忙得一塌糊涂，几乎每个星期六、星期天都是在各种运动场上度过的。即便这么忙，她和丈夫还自告奋勇担任了大女儿垒球队的教练，小女儿和小儿子的足球队教练，大儿子篮球队的教练……

大多数美国人的家庭重视孩子的体育爱好和发展，但不以培养运动明星为目的。有人曾同阿莱希欧博士探讨过这个问题。

那人问道："你认为你的孩子中会出现一两个运动明星吗？"她是生理运动学博士，对此行很有研究。她的回答很简单："根据他们的身体条件，根本不可能！孩子参加各种体育运动，对他们的性格，身体，智力，协调能力，Self-esteem，等等，都有好处。受益终身。"

大女儿杰西卡五岁就参加踢足球。八岁时在足球选拔队当后卫，现在改当中前卫。踢起球来很猛，像个"假小子"，球技也很出色。每当人们赞扬杰西卡时，海琳和古瑞克总是一脸灿烂，一脸骄傲。这就像中国的家长，听到人家赞扬自家孩子学习成绩好的情感一样，海琳和古瑞克在孩子的体育方面感到由衷的高兴。

英国：失败也是生活的一部分

"给孩子失败的机会。"孩子做某件事失败了，英国人的观念不是索性不让孩子去做或家长干脆包办了，而是提供再一次失败的机会。比如让孩子洗碗将衣服浸湿了，就指导孩子再来一次，教会他避免失败的方法。

麦克的儿子查理就是这样长大的，如今他不但会照顾自己的起居生活，修理家里的水管、电器，甚至连修汽车也能说个头头是道。

查理第一次做事，是在2岁的时候，他看到麦克在洗碗池里洗碗，感到很好奇，就拉着麦克的手，不愿跟妈妈回客厅去。见此情景，麦克干脆把查理抱到洗碗池上："来吧，查理，你来洗碗好了，看看你能干得怎么样！”查理马上跳进洗碗池里干了起来。说是在洗碗，其实更像是在洗澡，查理衣服、裤子都湿了个透，碗不但没洗干净，而且还掉到地上，摔碎了一个。

开始时，查理还在笑，觉得坐在洗碗池里玩是件有意思的事，可是，慢慢地，他觉得不好玩了，就无聊地把水泼到水池外面，把碗推到洗碗池一角又推回来……终于，他忍不住哭了起来。直到这时，麦克才把他抱出来，送他去洗澡，换了干净衣服，再把他放在洗碗池旁边，自己戴好围裙，把洗碗液挤到水里，然后，在查理的注视下，把碗一个个洗干净、抹干。

结果，查理第二次洗完碗筷，衣服只湿了一半。第三次，只有袖子湿了一点点。麦克教他把碗洗干净的方法，查理越做越好。

这只不过是小儿科，比较危险的是烧水。

水壶放在煤气灶上，里面的水被烧得滋滋响，麦克用一块手巾垫在手里，把水壶拿了下来。查理也要做。那时他才 4 岁。麦克就把壶里的水换成温水，告诉查理，水开时水汽会把水壶把蒸热，所以要垫上毛巾才能拿；水很热，要注意，不能让水壶倾倒下来。第一次尝试时，半壶水倒在了查理身上。

“这是因为你的力气不够，”麦克说，“你需要用两只手。”

说完，麦克又为他换了壶温水。

“不，爸爸，我再也不拿水壶了，”查理胆怯地后退着，“我知道，这很危险，我再也不碰了。”

“你一定要再试试，你有这个能力。”麦克鼓励他，“用我教你的方法，你一定行的。”

在麦克的指点下，查理又试了一次。这次，他安全地把水壶取了下来。

麦克的想法非常简单：要给孩子失败的机会，面对失败，一次次改正错误，直到成功，这不只是教孩子学习并掌握能力，同时也是教他学会一种人生态度。

拓展链接：

生活教育言之有理

1.生活教育是人类得以延续的一种方式

人的生活不同于动物的“生活”。虽然都要吃，但人吃饭要讲卫生、讲礼貌；虽然都要住，但人住宿要讲美观、讲文明。人的生活实际上是一种“文化”生活。虽然儿童在日常生活中可以观察、模仿到一定的生活知识与技能，但要其掌握生活的“文化”、取得独立生活能力，没有成人的生活教育是不可能的。原始氏族公社时期，成年人就在日常生活中向孩子传授穿衣取暖、烧制食物的技能，提出饮食有度、起居有常的要求，并给年龄较大的孩子讲述婚育方面的知识。虽然几千年来人们的生活和家庭发生了巨大的变化，但是通过父母的言传身教让孩子学会生活技能、享受生活乐趣、追求生活理想，一直是家庭教育的重要组成部分。

家庭中的生活教育，目的是要孩子理解生活的真相，给孩子传授生活经验，要孩子在未来拥有高质量的生活。学会生活不仅是个体生活幸福的前提条件，也是个人完成学习和工作任务的有利因素。最近中国青少年研究中心等单位“杰出青年的童年与教育”的专题调查显示，在被调查的400名杰出青年中，81.08％的人童年时经常帮助父母做家务，只有5.41％的人很少做。

2.生活教育的内容和方式

在家庭中，父母可以通过造就一定生活的“文化环境”，促使年轻一代“汲纳”人类已有的生活经验、生活观念和生活习惯。这种教育有目的但没有计划；它随处可见，但没有专门活动，是在日常生活中“不声不响”地进行的。在平时的生活中，父母对孩子的生活教育通常采用如下方式，潜移默化。

示范：父母在照料儿童生活时运用的生活知识和生活技能、生活观念和生活习惯，成为儿童了解生活、学习生活的范本。

答疑：解答儿童在生活中的疑问和难题，使其更深刻地理解生活，懂得恰当地处理生活问题。

指导：生活是非常复杂的，儿童需要成人引导去正确认识各种生活现象，抵制消极的生活观念和生活方式的干扰，形成文明的生活观念和习惯。

养成：父母有意识对孩子进行适当的生活经验训练。通过较严格的训练，使儿童掌握基本的生活技能，形成自理生活、独立生活的能力，促进儿童逐步养成勤劳、卫生、节俭、互助等生活习惯，学会驾驭生活。

3.生活教育势在必行

现代社会经济、文化的发展及生活条件的不断改善，对人的生活素质提出了越来越高的要求。社会向人们提出了许多新的生活素质需要。(1) 必须掌握越来越多的生活知识和技能（如日用电器、购买、汇兑等）；(2) 必须提高独立生活的能力，以适应“福利待遇”逐步改革的现实要求；(3) 必须发展多种有益的生活情趣，以便能够支配好逐渐延长的消闲时间。

70年代以来，随着经济的发展和生活水平的提高，西方发达国家普遍增加了家政课的教学时数和内容，并动员、提倡父母加强生活教育，指导年轻一代的生活，以对付因生活富裕带来的生活道德及犯罪问题。

到了今天，世界经济、科技发展更快，人类在创造出更多物质财富之外，精神生活也面临前所未有的压力和危机。在我国，改革开放后，国民的生活条件和生活方式发生了巨大的变化，尤其是大中城市和沿海发达地区居民的生活方式开始从传统型向现代型转变，更多的父母基于补偿心理，希望给孩子一个富裕、无忧的未来，对孩子的包办、照顾越来越细致，孩子对父母的依赖多了，独自生活的能力、应对生活挫折的能力却越来越弱，各种社会问题也随着产生。为了预防青少年道德堕落和违法犯罪，我们也必须加强生活素质的教育，尤其应当帮助年轻一代正确地看待奉献与索取、劳作与休闲、友谊与江湖义气、营养与大吃大喝、美观与实用、娱乐与宣泄、勇敢与鲁莽等关系问题，树立文明的生活观念，养成良好的生活习惯。这样才能提高青少年抵制腐朽生活的免疫力。

生活教育言之有法

1.父母要做好示范作用。

对孩子进行生活教育之前，父母应该检视一下自己的生活状态，是不是健康，是不是合理，是不是向上？父母的榜样是无穷的，父母给孩子提供一个健康的生活环境，孩子们才能在潜移默化中接受教育。

2.指导孩子用好闲暇时间。

广义的闲暇时间，就是业余时间、生活时间。狭义的闲暇时间，是指能按个人意愿休息、娱乐和发展个人爱好的时间。由于实行双休日，孩子们的闲暇时间大大增加。怎样度过闲暇时间，也有积极消极之分。孩子闲暇时间的活动，存在问题最多的是娱乐。有的孩子在休息、娱乐的时间上分配不合理；有的孩子在娱乐的形式内容上不科学、不文明、不健康。这就需要家长的指导。一是要教育孩子珍惜时间，学会科学计划闲暇时间，娱乐应合理安排，适可而止；二是要求孩子自觉抵制内容不健康的娱乐活动，娱乐内容应健康，形式多样；三是家长也应尽可能地和孩子一起娱乐，既要尊重孩子的个性爱好，又要培养亲子间的共同兴趣。这样，才能真正达到娱乐的目的——不但调节生活，而且也能增长知识，开发智力，锻炼身体，提高素质。提高孩子对业余生活、娱乐活动意义的认识，增强孩子科学合理地安排业余时间的能力，这必将有利于孩子闲暇生活质量的提高。

3.培养孩子养成良好的生活习惯。

习惯不是先天就有的，而是后天逐渐养成的。有些习惯经过一两次就形成了，有些习惯则需花费长时间的努力。在生活习惯方面，比如饭前便后洗手、早起早睡、不挑食不偏食、起床后就整理床铺、自己的衣服自己洗等，都需从小逐步培养。培养良好的生活习惯，纠正不良的生活习惯也同样。因为不良的生活习惯，都是逐步养成的，所以要纠正改变它，同样要花时间。有无良好的生活习惯，是衡量生活素质的重要标准。家长必须充分认识培养孩子良好生活习惯的重要性，坚持不懈地引导孩子养成良好的生活习惯。

4.指导孩子逐步形成正确的生活态度。

经常和孩子谈心，和孩子聊聊先进人物，及时纠正他们不良的行为和错误的认识。在他们幼小的心灵里灌输正确的道德观、人生观、价值观、世界观，以及生活格调、思想情操、文化艺术修养、审美情趣等，这些都会影响生活的质量。而孩子的生活态度，要靠父母长期的教育引导，才会逐步确立。有了正确的生活态度，全面提高生活素质才不会成为一句空话。

5.不可忽视大众媒体的力量。

大众传媒（报刊、影视、音像、卡拉 OK 等）既是家庭娱乐的基本方式，又是人们精神生活的重要来源。正确地阅读、视听大众传媒，可以开发儿童少年的智力，丰富他们的精神世界。但是，无节制地阅读、视听，不仅妨碍正常课业，还可能危害身心健康。父母应该清醒地认识到这一点，在平时的生活中，要有意识地引导辨别资讯的正确与否。树立正确的是非观。

6.指导孩子学会与人交往。

当今社会，独生子女占了很大一部分，他们大部分都缺少必要的人际交往。父母应该让孩子走出去交朋友。只有在交往中，孩子才能学会表现自己，了解他人，融入社会。交往能力强，有利于形成良好的人际关系。良好的人际关系，无论是家庭中的亲子关系，还是学校社会上的同学关系、师生关系、朋友关系、同事关系等，这些都能使人心情愉快，获得帮助，而且能促进人的才能的施展和事业的发展。

7.带孩子出去看看。

钢筋水泥的城市里逐渐消磨了孩子的想象力，父母应经常抽出时间和孩子一起出去看看，接触自然，孩子会逐渐看到生活的美，引发充满希望和理想的心理需求。

第十一章 孩子需要怎样的父母

父亲和母亲们，你们在孩子身上延续自己！

——苏霍姆林斯基

在孩子的一生中，父母绝对是最独特的教育者，不仅是因为他们是孩子最早和施教最久的教育者，更重要的是，父母和孩子特有的血脉渊源，让他们的教育最投入、最执著、最有效、最重要！

金牌案例：母爱是一种巨大的火焰

罗曼·罗兰（1866—1944），19 世纪末 20 世纪前期法国著名现实主义作家。他最优秀的代表作是《约翰·克利斯朵夫》。作者因这部小说获得 1915 年诺贝尔文学奖。20 世纪 20 年代，罗曼·罗兰还写了《甘地传》、长篇小说《欣悦的灵魂》。1939 年，创作了著名的悲剧《罗伯斯庇尔》。罗曼·罗兰虽然是以其文学创作闻名于世，但是众所周知，他与音乐也有着不解之缘。他最为著名的小说《约翰·克利斯朵夫》写的就是一个音乐家的一生。他从小就十分喜爱音乐，他曾说过："在我生命的历程中，音乐占有了我，它是我最初的爱，也可能是我最后的爱，我像女人爱孩子一样爱它。"

这种对音乐的深挚的爱好，一方面或许是天生的，一方面来源于母亲的启蒙和支持。罗曼·罗兰出生成长在法国外省的一个小城市，虽说家里并不穷困，却没有很好的学习音乐的条件，他没有像巴黎有钱人家的孩子那样，从小就有音乐老师。但是，当母亲发现了他对音乐的兴趣之后，便尽自己的能力去教他弹琴，虽然母亲技艺不高，但是，却给了儿子许多音乐方面的基础知识，使他对音乐的兴趣更为浓厚了。这对于孩子音乐天赋的启蒙，是十分重要的。

后来，他们举家搬迁到巴黎，母亲这时发现孩子不仅对音乐有强烈的兴趣，而且有很高的天赋。这时候，她是又高兴又发愁。高兴的是儿子有这样的天赋，想好好让他发展；发愁的是会不会耽误他的学业。犹豫了一阵子，她最终被孩子对音乐强烈的渴望打动了，她决定支持儿子学习音乐。但是令她为难的是，一时没法给儿子找到合适的学习音乐的专业场所。在巴黎，她人生地不熟，没有朋友可托，也缺乏关系。

但是这位母亲锲而不舍地为儿子寻找着老师和学习音乐的地方，她生活的重心几乎就是打听这些。只要一听说哪儿有音乐家，她就想尽办法送儿子去学习，往往她的诚心打动了老师，使儿子得到了很好的教育。一段时间以后，她惊喜地发现儿子的琴艺已经超过了大多数教过他的老师。她想，必须为儿子寻找更好的老师了。这时，她忽然想起自己小时候学琴的一个老师，就住在巴黎，叫约瑟芬·马丹，这位钢琴家不仅有一套自己独特的演奏技巧，而且还认识著名的作曲家肖邦。于是，她便去拜访自己小时候的这位老师，恳求她指点儿子。果然，罗曼·罗兰从她那儿受益匪浅。

平常的日子，母亲还从并不十分宽裕的家用中拿出钱来，每星期给儿子买一张夏特音乐会的门票，让他去听音乐家巴德鲁、科洛纳、拉穆勒的演奏。多年以后，罗曼·罗兰回忆起来，还非常感激母亲每周给他的这三个小时，让他完全忘记了一切。在这三个小时中，他为莫扎特无邪的快乐、贝多芬的雄伟强大、普格的温和所深深吸引。在这儿他还领略到巴黎最新的音乐信息和音乐知识。

案例启示：父母与家教

罗曼·罗兰曾说：“母爱是一种巨大的火焰。”母亲使他的天赋得到及时的教育和完善，虽然他后来没有成为一个音乐家而是文学家，也使得他与音乐结下了不解之缘。现在的父母越来越意识到家庭教育对于孩子兴趣培养和天赋启蒙的重要作用，梦想着孩子成为钢琴家、小提琴家的父母不在少数，但是你能否也像故事中的母亲一样为儿子的爱好遍寻名师、费尽周折呢？有位教育家曾说过生活本身就是教育。要发挥父母在家庭生活中的作用，必须及时利用家庭实际的资源，为孩子的成长做好准备，这是一个孩子接受教育的起点和基础。

有人说，母爱是一种最深刻的教育。我们不能忽视一个年幼孩子对母亲深切的需要。作为母亲，我们不能决定孩子的未来，但却有责任帮助孩子走上通往梦想的人生之路。你是一个对孩子抱有梦想的母亲，还是面对生活的重压早已失去梦想了呢？不论是面对成功还是失败，孩子都需要来自母亲的支持和鼓励，那是他们信心和勇气的来源。

在孩子眼中，父母应该是给他们最大信任和帮助的人，也是他们期待最高的人，他们希望父母：

在孩子面前，请不要吵架。

不要总是和孩子发脾气。

公平地对待孩子，孩子需要爱。

不要对孩子说谎，记得对孩子的承诺。

喜欢孩子的朋友，即使他们不是来找孩子们学习。

耐心地回答孩子的问题，有时孩子的提问其实是想和你们一起学习。

不要总是和别人说，孩子不好，其实孩子也很希望成为父母的骄傲。

给孩子一些鼓励，其实在做很多事情的时候，他们真的很努力，父母却看不见。

案例拓展：父母应该是这样的

美国：家长不需要完美

“天下没有完美的父母”，这是美国人的普遍认识。没有完美无缺的家长，事实上，接近完美的家长也不存在。“当我开始抚养孩子的时候，我很希望自己每件事都完美无缺”一位美国母亲谈自己的教子故事时说，“然后，一切乱套了。我时时会犯错误。我会对孩子的错误反应过度，也会对孩子的行为判断错误，于是，我发现，我真的做不到完美无缺。这是我从自己切身的经历中得出的结论。我很怀疑自己是不是真的可以做好一位母亲。直到有一天，一位儿童教育家告诉我："其实做父母并不需要太完美的。只要你可以让你的孩子快乐、幸福地度过和你在一起的每一天。而且，让你的孩子知道，父母所做的一切都是为了孩子就可以了！"我试着问我的儿子，"如果妈妈犯了错，你会原谅吗？"孩子告诉我："只要你向我道歉就行了，我也会犯错的，不是吗！而且，我知道妈妈很爱我。"

于是，我明白，孩子其实并不需要一个很完美的母亲，他们只是希望父母陪他们一起长大。差错是走向成熟的标志。所有的父母都会犯错误的，也许在应该相信孩子的地方，你忽略了他的感受；在应该表扬他的时候，你却忘记了。错误会给孩子带来不好的影响，但是如果你懂得以恰当的方式向孩子表达自己的歉意，那么很快你就可以获得孩子的原谅，在这样的过程中其实你的孩子也在接受教育。他们明白，父母也不是神，他们会犯错，但是却也能改错。于是，孩子开始学习父母的做法，懂得了知错能改的道理，这样的教育效果可能会更好！

所有的父母都是不完美的，他们总有不受欢迎的地方，其实你不必太在意这些，这并不能说明你就是一个不称职的长辈。比如，从长远的角度来看，我们要求孩子好好学习，但是孩子却喜欢玩耍。"这样的情况下，即使他在诅咒我，我也要他按照我的意思去做，"一位美国父亲说，"而且当他长大一点时，他就会理解你的苦心了，那时，孩子会更爱你！我的孩子就是如此。"这位父亲的四个孩子都是博士，有很好的工作。孩子们都很感谢父亲的教导，"虽然那个时候，我们很小不懂事，总是记恨父亲，可是到了今天我们才明白，多亏了父亲的严格，否则我们将一事无成。"相反，如果你为了获得孩子的欢心，很少站在孩子不欢迎的立场管教他们，总是一味地迎合，那么我们的孩子就会习惯我们依据他们的喜好做决定，渐渐地不能允许不赞成他的意见的事情发生，以后在和人相处时也会出现这样那样的问题。

父母都是不完美的，因此你不需要总是内疚你过去的不当行为。也许孩子已经忘记了昨天的不愉快，他更关注的是你今天的表现。一位美国的家长说："即使我们有时候错怪了孩子，让他们受到了委屈，但是只要你是义无反顾地爱着自己的孩子，那么你就是合格的父母。"

没有完美的父母，我们只有努力做得比现在更好一些。

瑞士：父母要有权威

父母应该有一定的权威。瑞士教育家研究表明：父母任凭孩子随心所欲的做法，使不少孩子变得专横跋扈，有的甚至到了为所欲为的地步。更严重的是，这些孩子长大之后在复杂的社会中与人相处时，常常感到茫然和不知所措。因此，瑞士父母普遍提倡“半权威式”教育，通常的做法是：父母要拒绝孩子的不合理要求，坚持“不行”原则。当孩子的要求不当的时候，父母要勇于拒绝孩子的不合理要求。虽然“拒绝”会给孩子带来沮丧，但父母坚持自己的立场后，慢慢地孩子就会适应，并会逐步养成良好的习惯。因此，父母应该态度鲜明，敢于对孩子说“不”。

父母要确定孩子一定要遵守的规则。和孩子定下规则，无论什么状况发生都要严守规则的内容。

父母身体力行竖立权威。要孩子服从，父母就应该做好榜样。不要对孩子言而无信，让孩子对你的话产生怀疑，丧失父母的权威。

在孩子面前树立父母的权威，是让孩子心甘情愿地接受父母的管教。即使在某件事情上出现分歧，有权威的父母更加容易把孩子带向正确的方向。但是，父母应该有权威，应该管束孩子，并不等于父母可以对孩子进行打骂等不民主的教育，让孩子怕你。而是用父母自身的魅力，让孩子信服你的管束。

美国：母亲的力量

美国一位著名心理学家为了研究母亲对人一生的影响，在全美选出50位成功人士，他们都在各自的行业中获得了卓越的成就，同时又选出50名有犯罪记录的人，分别去信给他们，请他们谈谈母亲对他们的影响。有两封回信给他的印象最深。一封来自白宫的一位著名人士，一封来自监狱一名服刑的犯人。他们谈的都是同一件事：小时侯母亲给他们分苹果。

那位犯人在信中这样写道：小时候，有一天妈妈拿来几个苹果，红红绿绿，大小各不同。我一眼就看见中间的一个又红又大，十分喜欢，非常想要。这时，妈妈把苹果放在桌上，问我和弟弟：你们想要哪个？我刚想说我想要最大最红的那个，这时弟弟抢先说出了我想说的话。妈妈听了，瞪了他一眼，责备他说："好孩子要学会把好东西让给别人，不能总想着自己。"于是我灵机一动，改口说："妈妈，我想要那个最小的，把大的留给弟弟吧。"妈妈听了非常高兴，在我的脸上亲了一下，并把那个又红又大的苹果奖励给我。

我得到了我想要的东西，从此我学会了说谎。以后，我又学会了打架、偷、抢。为了得到想要的东西，我不择手段。直到现在，我被送进了监狱。

那位来自白宫的著名人士是这样写的：小时候，有一天妈妈拿来几个苹果，红红绿绿，大小各不同。我和弟弟们都争着要大的，妈妈把那个最大最红的苹果举在手中，对我们说："这个苹果最大最红最好吃，谁都想要得到它。很好，现在让我们来做个比赛。我把门前的草坪分成三块，你们三人一人一块，负责修剪好。谁干得最快最好，谁就有权得到它。"我们三人比赛除草。结果我赢了那个最大的苹果。

我非常感谢母亲，她让我明白一个最简单也是最重要的道理：要想得到最好的，就必须努力争第一。她一直都是这样教育我们的，也是这样做的。在我们家里，你想要什么好东西就必须通过比赛来赢得，这很公平。你想要什么、想要多少，就必须为此付出相应努力和代价。

母亲是孩子的第一任教师，你可以教他说第一句谎话，也可以教他做一个诚实的、永远努力争第一的人。

德国：艾琳娜的新妈妈

"我不是你的亲妈妈，但是我会真心待你，做一个疼你、爱你的新妈妈。"

丽莎今年再婚了，她不但多了一个丈夫，还有一个6岁的小女儿艾琳娜。艾琳娜是一个漂亮的小姑娘，很招人喜欢，可是当她意识到丽莎将要做她的新妈妈时，表现得并不是很友好。在他们第一次见面的时候，艾琳娜就对丽莎做鬼脸，还一个劲儿地拖着父亲一起玩，想要把丽莎孤立起来。

丽莎很喜欢艾琳娜，她希望用自己的爱让艾琳娜感受到自己的诚意，接受自己这个新妈妈。最初，在孩子还很排斥她的时候，丽莎总是主动和孩子一起游戏。即使，孩子特意冷落她，她还是耐心十足，甚至做得比孩子的父亲还要好。艾琳娜很快就感受到了丽莎的诚意，她开始接受丽莎了。丽莎和艾琳娜的父亲结合后的一个周末，艾琳娜第一次开口叫了声妈妈。艾琳娜的父亲开始相信，孩子真的接受了新妈妈。丽莎高兴坏了，这是一个好的开始！

可是，好景不长，丽莎很快又遇到了新的挑战。一次，艾琳娜把自己的玩具扔得到处都是，丽莎看到后，希望她可以自己收起来。谁知道，小姑娘并不服管，对丽莎大吼："你不是我亲妈妈，有什么资格管我？""我不是你的亲妈妈，但是我会真心待你，做一个疼你、爱你的好妈妈。"面对艾琳娜的咄咄逼人，丽莎只是平静地说出了这样的话。丽莎的真诚打动了艾琳娜，她哭着钻进了丽莎的怀里。

丽莎是艾琳娜的新妈妈，但是她却从不排斥和孩子一起聊孩子的亲妈妈，甚至丽莎总会教孩子热爱自己的母亲。她们一起看艾琳娜亲妈妈的照片，和艾琳娜的外婆家交往密切。当艾琳娜想亲妈妈的时候，丽莎就安安静静地听孩子回忆自己的母亲。"妈妈对于孩子永远都是最美的！大人的事情不应该让孩子承担责任。"这就是丽莎的态度。她宽容、仁爱又善良，艾琳娜和新妈妈越来越好。有时，父亲和新妈妈吵架，小艾琳娜还会一本正经地摆出姿态教育自己的父亲："妈妈说的都是对的！你一定要听她的！"

现在，丽莎新的三口之家生活和睦，其乐融融。丽莎和所有妈妈一样，盼望着小艾琳娜快快乐乐地长成一个有理想、有追求的好姑娘。

作为父母，请保护好的你的婚姻，给孩子提供一个安稳的成长环境。如果父母需要分开了，那么也请保护好你们的孩子，他们不应该为成年人的错误付出代价。

英国：言传身教的力量

“你想要把儿子培养成一个绅士，父亲就必须是一位绅士。”这是一个普通的英国父亲巴比·路易斯的认知。他告诉我们：英国的绅士教育对男孩子提出了很高的要求，父亲应该是儿子接触到的第一位绅士，所以做父亲的就更应该身体力行。平时，巴图总是会在孩子面前为女士拿包，请女士先行，就餐时注意礼仪，然后告诉儿子这些都是一个绅士应该做的事情。

一个阳光普照的周末午后，巴比·路易斯带着他的两个儿子去打迷你高尔夫球。他和孩子们一起走向售票柜台问道：“进去要花多少钱?”

年轻的售票先生回答：“大人3元，6岁以上的小孩也要3元，刚好6岁或小于6岁的小孩免费，他们两个几岁?”巴比告诉售票员：“站在我右边的是我的大儿子，他今年6岁半了，我左边的孩子是小儿子，今年3岁。这样一来，我们三个人需要付6元，对吗?”

那位售票员先生一边为他们办理门票，一边笑着说：“先生，您真有趣!其实，您只要告诉我那个年纪大一点的男孩子是6岁，就可以省掉3元了。我根本看不出来，不是吗?”可是，巴比却笑笑回答说：“你说得没错。问题是，你分辨不出来，可是我的儿子们却知道呀！我不能让孩子看到自己的父亲不遵守公共道德!”

父母对孩子的教育，更多的是要注意细节，你要知道你的一言一行都是在为孩子做榜样。作为父亲你更应该知道这一点。

法国：父亲为孩子的不肖买单

父亲要为孩子的错误承担责任，这是最近在法国家庭流行的一种观点。他们认为：父亲在家庭教育中的角色不容忽视，他们的存在应该是孩子学习生存、学习规则的榜样。而且，父亲的权威也应该是家庭教育得以顺利进行的有力保证。因此，一些孩子因为家庭教育不当出现各种问题，父亲应该承担相关的责任。

前不久，为了强调父亲在孩子家庭教育中的责任，法国议会刚通过一项“子不教，父受罚”的新法案，在这方面似乎比中国的“子不教，父之过”走得更远。

新法案是在近年来法国少年犯罪率居高不下的大背景下得以通过的。此前，法国社会曾有过多次公开辩论，主题之一即是犯罪少年的父母究竟该不该负相关责任，以及该负什么程度的责任。舆论经常提及一个观点：应该在惩罚犯罪孩子的同时，也对那些没能让自家孩子走正道的父母予以经济惩罚。而最简单、最直接的惩罚办法便是取消父母原本享受的由政府发放的“家庭补助金”，这笔补助金原本是为帮助父母更好培养孩子成长而设立的。

议会对新法案的实施作出如下解释：

首先，在犯罪孩子被送进“封闭教养中心”后，父亲就不必为他支付生活、学习费用了，由此再领取补助金并不合理；

其次，新法案对责任心不强的父母起到一种督促和警示作用。

这就意味着：只要未成年孩子因犯罪而被关进“封闭教养中心”（类似于“我国的少年管教所”），那么他们的父母即被取消领取“家庭补助金”的权利，而恢复这样的权利得由父母签署保证分担和加强对孩子管教的协议，并经法官批准。

但也有许多民众对新法案表示了异议。他们认为，“问题孩子”大多出生于经济条件差、处于社会底层的贫困家庭——对于这样的家庭社会应该伸出援手，而不是首先考虑对他们进行惩罚。另外，一些孩子不肯接受父母的教育，并不是父母管教不严，因而责任首先应由孩子自己承担，让全家人来共同承担个别成员的过错，也有“株连”的嫌疑。

但是且不说这项法律正确与否，法国人已经意识到父亲在家庭教育中的不可或缺的作用！这是值得我们学习的！

韩国：父母与子女“一心一体”

和所有亚洲人一样，韩国父母和孩子的关系始终保持一种亲密的状态。

父母会关注孩子的每一件事。同时，孩子也习惯向父母征求意见。社会上喜欢提倡家庭活动。比起欧美的父母，韩国的父母也许更有些人情味。父母和孩子的联系更紧密。

韩国人很看重子女教育。但是不同于欧美国家，子女的学费大多也是由父母提供的。在韩国教育投资的构成中，由学生父母承担的私教育费在教育投资总额中占半壁江山。按照韩国教育开发院的观点，所谓“私教育费”，除了学生家庭支付给正规教育机构的学业费用外，还包括：各类补习学校的学杂费、家庭教师费、教材费、学习用品费、膳食费、交通费、住宿费、校服费、团体活动费等。以父母为经济主体供子女上学，是学生得以继续求学并热情不减的主要动力。

韩国的家庭是保持韩国民族优秀传统的堡垒，子女 18 岁还和父母亲密无间。在孩子上学后，大多数父母（尤其是母亲）都把主要精力投入到子女的培养上。韩国人提倡家庭活动。每当有比赛或是庆典，都会提倡全家一起参与。2002 年的韩日世界杯时，社会各界还发起了“一个家庭看一场比赛”的活动。很多家庭大人小孩都一同融入了红魔拉拉队的洪流。大赛过后，很多家庭都有了外国朋友。周末的时候，韩国家庭通常会组织家庭远足。举家出行游山玩水。像这样的时候，韩国人常常都带着自己的孩子，即使孩子还很小，在他们看来这样的活动可以增进家庭成员之间的亲密感。在韩国，你经常可以见到父母们身背几个月大的孩子，手拉着一个三岁左右已经能走的孩子一起爬山。有时小孩子爬累了，走不动了，父母们也很少抱起他们，而只是在一边等他们休息一会儿再接着走。

拓展链接：

父亲——家庭教育中不可或缺的一个环节

父亲是家庭力量的象征，他们对孩子的爱深厚而内敛。父亲的影响力就在于让孩子循规蹈矩，服从社会的行为规范，把道德标准永远铭记在心。父亲对孩子的爱、关心、照顾，情绪的感染，以至父亲的一举一动、一怒一笑，都在潜移默化地影响着自己的孩子，对孩子的成长起着独特的作用。

大量的研究资料表明，与父亲接触少的孩子，体重、身高、动作等方面的发育速度都会落后些，并普遍存在焦虑、自尊心不强、自控力弱等情感障碍，表现为忧虑、多动、有依赖性，被专家称为“缺少父亲综合征”。

在孩子性格形成的过程中，父亲的教育对孩子健康性格的形成是十分重要的。特别是男孩子，父亲伟岸与粗犷的形象会令他们联想到男子汉气概。同时，孩子还可以从父亲身上学到对社会的适应性，树立自豪感和责任感。

父亲对孩子的数理逻辑能力发展具有较大的影响。与父亲密切相处的孩子，数学成绩佳。相比之下，与母亲常在一起的孩子，其优势主要体现在对新事物的兴趣上，更擅长与人交往。

父亲在教育孩子方面有更强的目的性。要培养孩子哪些品质，发展哪些方面才能，父亲心中一般都是有计划的。该怎样做，需要些什么条件，是比较明了的，而母亲在这方面要差一些。大多数母亲对孩子都有较高期望，但在实际教育中，母亲往往会显得无计划，并力不从心。

父亲的知识面一般比母亲广，而且在史、地、哲知识上父亲往往精于母亲。因此，父亲给孩子讲得更多的是历史故事、各地民俗风情、英雄人物等，而母亲则一般都是给孩子讲童话，涉及社会知识较少，这在拓宽孩子视野，丰富孩子知识上就稍逊一筹了。在生活习惯的培养上，父亲教育孩子要独立、果断，要具有勇敢和冒险精神。父亲让孩子参与修理简单家电，大胆学骑自行车，带他们爬山、赛跑……而母亲总想保护孩子，特别是在孩子参与一些具有危险性和复杂性的事物时，母亲总担心孩子会不小心碰伤、摔伤、磕伤等意外。

好爸爸应该是这样的：

他会帮助妻子一起承担家庭教育的责任。尽管现代父亲的思想观念发生了很大变化，但任何父亲都必须承认一个事实，即在承担家务和养育子女方面，多数父亲的付出总是处于第二位的。所以现代父亲应该自觉地尽可能地帮助妻子做家务，只有这样，才会有更多的时间和精力投入到教育抚养子女的任务中。

他尊重自己的妻子，并且引导孩子热爱自己的母亲。好父亲不会在孩子面前数落妻子的不是。因为他知道母亲是不可替代的。

他即使再忙也会抽出时间和孩子在一起。孩子需要和父亲在一起，特别是男孩子，父亲是他们的第一个偶像。好父亲明白这样的道理，因此，他总是迅速安排好自己的事情，抽出更多的时间和孩子在一起学习或是玩耍。比起他们的酒吧之夜，他更爱与孩子玩闹。在孩子还是婴儿时他喜欢抱抱、逗逗、喂喂，等孩子长大了，他会经常地带着孩子去电影院欣赏动画片或者陪他一起玩拼图、搭积木。也许这些活动对成年人来讲毫无意义，但对孩子的成长来说却是必不可少的。

他可以预知未来。好父亲了解自己的孩子，因此他们总是能采用有效的教育措施来教育孩子、培养孩子。他会用自己敏锐的洞察力寻找孩子的优点，然后把它变成优势。

他尊重孩子，不把自己的意志强加给孩子。支持并鼓励孩子走他自己选择的道路，不强迫他接受自己的意愿。大多数父亲之所以要将自己的意愿强加于子女，可能是希望子女将父母未能实现的理想变为现实。

他会承认错误。父亲在家里代表着权威，即使如此，他也不会为了面子，忽略自己的错误。相反，无论是对妻子还是对孩子，好父亲总是及时承认自己的错误。当然，这完全不会影响到他的权威。

他会为孩子订立规则，使孩子养成良好的习惯，用父亲的权威保证施行。好的习惯需要日复一日年复一年的培养教育才能形成，切不可断断续续，只有持之以恒才能卓有成效。这项工作由父亲来做，当然更有说服力。

他会“狠心”给孩子展示最真实的生活，然后教会他们坚强和直面现实。对孩子不应隐瞒生活中的阴暗面，要根据其年龄和成熟程度慢慢向他解释。无论事情如何严重，父亲都应该主动将真相告诉孩子。否则他会通过同学或朋友得到某些信息，而道听途说的东西往往不那么真实可信，会令孩子感到迷惘。

他总是和妻子共同研究如何培养子女。教育和培养孩子是双方的责任和义务。父亲一手包办是不合适的。只有夫妻双方经过协商取得一致才能防止偏差，收到有益于孩子的最佳教育效果。

在他的身上，孩子感到了浓浓的父爱。在家里，他从不吝啬表达对孩子的爱意。他会经常对孩子说：“我爱你，儿子（女儿）！”尽管让男子汉口头表达这几个字有些难为情。此外还有许多方式可以传递父爱，比如说临睡前给孩子一个亲切的吻，或者婉转地告诉他：“谢谢你，我的孩子，是你给了我做父亲的无穷乐趣。”

母亲——家庭教育的基础

在孩子的成长上，母亲的作用要在90%以上。母亲是孩子的第一任教师，也是终身教师。母亲在教育孩子方面的角色，主要是体现“母性、女性”的特色。作为“母性”的特色，就是怀胎十月和长期养育、护犊的巨大影响力，是孩子感激的重要因素；作为亲人，孩子与母亲之间的血缘关系维系着高度的亲情。所谓“女性”的特色，就是体现出女人特有的细腻、温婉、柔弱、勤劳、持家的特质。

母亲的教育方式有其优势，作为孩子，从母亲的肚子里来到这个世界，对母亲更加充满感激和依恋，母亲的教育震撼力不可估量。母亲长期为了孩子的衣食住行操劳、为了孩子的日常生活琐碎劳碌，是孩子学会感恩的源泉。

在一般的家庭里，母亲和孩子接触的机会最多，母亲的一言一行，都对孩子有着潜移默化的影响。母亲对孩子的教育通常就在这种潜移默化中形成。母亲的温柔天性，让孩子学会同情和感恩。

母亲是孩子最好的道德老师，母亲应该以身作则，一旦母亲的言论和行为产生矛盾时，孩子就会失去行为的向导，变得很迷惘。

母亲照顾孩子的生活起居，她们对孩子的教育更多是在对孩子生活素质的培养方面。孩子通常是从母亲那里学会做家务、懂得生活。

在照顾孩子衣食起居的过程中，妈妈是与孩子接触机会最多的人，也是最了解孩子有哪些坏习惯的人，因此，妈妈也是帮助孩子改掉坏习惯的最佳人选。

女性天生浪漫，她们对语言和艺术有独特的领悟力。孩子和妈妈在一起，很容易受到这方面的熏陶。

母亲感情细腻，更为敏感。她们的性情通常会对孩子心理素质的健康发展产生影响。

好妈妈是这样的：

更多的时候，她是孩子的好伙伴。她总是和孩子在一起谈心。她不会干涉孩子的事情，但是会提供适当的建议，还会帮助孩子分析。

她照顾孩子的起居生活，但是会让孩子决定自己喜欢的衣服、房间的颜色。

她知道孩子最需要的是什么，因为她总是和孩子一起聊天，还时常和孩子的班主任沟通。

她会带着孩子一起做善事，用自己的行动培养孩子有一颗爱心。

她很有修养，因此孩子也在她的教育下彬彬有礼。

她和女儿有些关于女生的小秘密。她告诉女儿自己的爱情故事，也分析孩子的第一次爱恋。她们在一起谈谈“性”，但是，她总是会给女儿一些有用但是刻板的意见。

她也很严厉，但是总会记得所有人的生日和纪念日。孩子和丈夫都可以不时地得到小礼物。

第十二章 世界首富的家庭教育

生在富有的家庭中，可以有很多途径体会到富有。

一个充满快乐、有爱心的家庭，我感到富有，我很庆幸认识到了家庭的价值。我们拥有金钱，并不意味着我们不用努力工作，事实上我们的兄弟姊妹都在辛勤工作，而且工作得很出色。

——洛克菲勒财富帝国的第六代传人尼古拉斯·洛克菲勒

每个孩子都是上天赐给父母的宝贝，他们都应该拥有自己的人生。无论是父母的财富还是权势，都不应该成为他们成长中的绊脚石。家长们应该让孩子在家庭的财富面前，做到客观和理性的对待，给孩子们一种在富裕家庭快乐和正常成长的环境。

福布斯家的花钱教育：别让财富主宰你的人生

“商业的目的是要创造幸福，而不仅仅是财富的堆积。”20 世纪初，苏格兰记者 B.C.福布斯怀抱这样的信念，来到纽约追求理想，试图在这个生机勃勃的城市闯出一片自己的天空。凭着过人的精明和智慧，不久他就成为全美首屈一指的财经记者。1917 年，37 岁的福布斯独立创办了美国第一本纯粹报道商业新闻的杂志，这就是全球著名的出版及媒体集团的雏形。B.C.福布斯就是福布斯家族企业的神话的缔造者。而他的信念也随着他的成功成为后来福布斯家族教育子女的信条。

福布斯家族的父母在很小的时候就会告诉孩子们：我们要用钱来缔造幸福，而不是要成为它的奴隶。

福布斯家族的父母从来不害怕孩子们花钱。虽然这个成天“算计”别人家财的苏格兰家族自己从不肯在《福布斯》富豪榜上露面，可根据老对手《财富》的估计，光是家族大哥史提夫·福布斯的私产，就已达到4.4亿美元。

有钱人家的孩子怎样看待钱财？克里斯托弗耸耸肩："以前有个记者问我爸爸，你有那么多钱，会不会有负罪感？我爸爸说，为什么要有负罪感？应该高兴才对！"

克里斯托弗的爸爸就是著名的马尔康姆·福布斯，那个喜欢买游艇、哈雷摩托，有伊丽莎白·泰勒做女友，每年在家中举办盛大聚会，被称为"资本阳刚特色的象征"的乐天老头。老先生身体力行，赚得开心，花得愉快，如果有记者敢质疑"朱门酒肉臭，路有冻死骨"，自然有大儿子史提夫抬出亚伯拉罕·林肯的名言来挡驾："不能用毁了富人来帮助穷人。"

会花钱更要学会挣钱。福布斯家族历来家教严格，以防养出一群败家子弟，毁了当年克里斯托弗的爷爷柏蒂·福布斯辛苦打下的江山。你可以有钱，但不能挥霍，更不能沉溺于花钱。

史提夫·福布斯在这次《福布斯》全球行政总裁会议上说：富豪每一天都不能放松——《福布斯》的美国富豪榜上，每年的变化超过50%。你今天是富豪，明天未必仍然是。

克里斯托弗换了种开玩笑的方式重复这个道理："我们全家都要努力工作，老爸才能有钱玩热气球！"

从上大学时起，克里斯托弗就必须在家族的艺术收藏馆打杂，赚足薪水，以此读完普林斯顿的学业。直到今天，他在把俄罗斯宫廷的珍贵法内热彩蛋送往家族收藏馆时，仍要算计好半天："究竟要卖掉多少页广告，才能买回这个蛋哩……"

金钱不应该成为破坏家庭和睦的祸手！

为了分家产而争吵不休，这在富人生活中屡见不鲜。为了解决这个问题，老福布斯总是会想出很多办法融合家庭成员的关系，让孩子们看到家庭幸福要比金钱重要得多。每年夏天，福布斯家族一大家子人会开车去西部的怀俄明州作长途旅行——在混乱的旅途中促使家庭成员学习如何和平相处。长期地在这种有意识的培养之下，家庭在孩子们心中开始占有重要地位，金钱反而被看轻了。家族中的孩子们关系很好，他们之间少了豪门常见的嫉妒，多了发自内心为自己的兄弟姐妹的骄傲和自豪。比如克里斯托弗一向对史提夫赞不绝口，夸他在经济学上的造诣，至于他自己有什么特别的才华，他的回答是："我的才华就是，我有3个很有才华的兄弟！"

不要为了赚钱毁掉你的兴趣。选个好专业，将来赚大钱，马尔康姆却对此嗤之以鼻："反正大学里也学不到什么，人家比尔·盖茨、戴尔不都是辍学生？还不如让孩子上个自己喜欢的专业呢！"于是，福布斯家的第三代虽然都上了普林斯顿、卡罗来纳、爱伯丁之类的名校，却大多在历史、艺术之类的"冷门专业"里自得其乐。

是不是福布斯家族根本不在乎大学文凭呢？克里斯托弗微微一笑，开始自嘲："在名校读书，是一段很好的经历。文凭嘛，也就这么回事儿。你看，我的学历比史提夫高，可人家是总裁，我只是个副总裁呀！"

案例启示：福布斯家的金钱教育的核心就是希望孩子们明白，他们手里的金钱是帮助孩子们找到幸福的辅助条件。为了将来，孩子们应该学会赚钱，但是，赚钱不应该成为孩子一生的追求。金钱不应该破坏你的感情，也不应该阻止你兴趣的延伸。

然而，我们也看到福布斯家族对于孩子的金钱观的教育似乎缺少约束。毕竟孩子们还小，让他们从这个时候就学会挥霍和求财，对于孩子以后的发展并不利。

洛克菲勒家族的人格教育：孩子应该学会做人

古老的洛克菲勒家族是世界财富的旗帜，也是美国最富盛名的家族之一。从19世纪70年代约翰·洛克菲勒成为美国历史上第一个10亿富翁开始，至当今时代，洛克菲勒家族的第六代传人尼古拉斯·洛克菲勒，依然家运兴隆，对美国乃至世界的许多产业、福利事业和其他部门都产生过"四两拨千斤"的巨大影响力。古老家族长久兴盛不衰，得益于家族内部独特的教子方法。

学会感恩。每天清晨是洛克菲勒家所有人祈祷和感谢上帝的时候。从周一到周五，洛克菲勒家的孩子生活日程被安排得一成不变。孩子不允许睡懒觉，从早晨起他们就要管理好自己的时间。早早起床后，在父亲的书房里所有的孩子完成早起祈祷。而后迅速吃完早饭。洛克菲勒家族重视宗教的作用。老洛克菲勒认为宗教可以给孩子人生智慧，所以孩子早晨早早起来后，老洛克菲勒会打开圣经，要求孩子朗读其中的选段并背诵。借此来锻炼孩子的演讲能力和记忆能力。在这一过程中，父亲会为孩子解释他们读的一些段落，这个过程中，全部参加人员都必须严肃，孩子们的嬉笑打闹是不被允许的。

到大众中生活、学习。洛克菲勒家族的孩子不上只有富家子弟上得起高档私人学校。他们选择学校的标准是这个学校的学生来源要来自社会的各个阶层，任何家庭背景的学生在这个学校都要有代表。主要是希望孩子在这样竞争性的环境中从小就锻炼出极强的竞争性格。洛克菲勒家族最后选择的是林肯中学，这所学校大部分学生来自美国的中产阶级家庭，其中又以学术、艺术界著名人物后代居多。老洛克菲勒认为在这种环境下，孩子们能更容易理解美国的社会问题，同时习得对美的欣赏，对竞争的渴望。

学会独立。老洛克菲勒把幼子抱上一张桌子，鼓励他从桌子上跳下去。孩子以为有爸爸的保护，就放心地往下跳。此时，爸爸却走开了，孩子很重地摔到了地上，倒在地上哇哇大哭起来。这时，老洛克菲勒严肃地对儿子说："孩子，不要哭了，以后你要记住，有时候连爸爸也是靠不住的。凡事要靠自己，不要指望别人!从现在开始学会自立吧!"若干年后，这个从桌子上跳下来重摔过的小洛克菲勒也成家立业，生儿育女了。他有一辆漂亮的小汽车，每逢假日，他常带上全家外出游玩。可是，每天上班，小洛克菲勒总是驾车独往，绝不让 10 岁的儿子顺道搭车上学。他对孩子说："孩子，不要怪爸爸，你现在是学生，不能坐车上学，将来你长大成人有出息了，自己一定能买一辆比爸爸这辆更好的轿车。"在学习上，洛克菲勒家族的孩子也要学会独立思考。父母要求孩子不但要有熟记公式、死记硬背的能力，更要求孩子有自己动手独立解决问题的能力。在林肯中学，老师引导孩子提出问题，然后孩子们着手去图书馆寻找解决问题的方法。很小的时候，小洛克菲勒已经懂得在自己的生活中扮演积极的角色。老洛克菲勒相信：让孩子动脑去解决面临的问题，给孩子独立，比他帮助他们更能使孩子认识到生命的喜悦，也使得孩子在日后的人生路中容易获得成功。

平凡的旅程。不管冬季还是夏季，假期中洛克菲勒全家都要去美国各地游玩。让孩子对我们生活的这个世界形成大概的认识。旅程安排得简单朴实，从不讲奢侈和排场。当其他美国的富豪们忙着通宵达旦纵情狂欢、大摆宴席的时候，洛克菲勒家的孩子已经从这种对比中知道洛克菲勒这个姓氏所代表的意义与其他富豪是有区别的。戴维·洛克菲勒在自传中写道：“其他富豪在为自己炫耀，而我们家却在为增进社会福利事业不懈努力。”小洛克菲勒与那些浮华的奢侈游玩绝缘，他一般在这些旅游胜地中细致观察森林、海洋、湖泊、高山。

不要用财富阻挡了孩子前进的步伐。老洛克菲勒发自内心地认为：“给人带来伤害的最便捷的途径就是给钱。”所以老洛克菲勒在世时曾经考虑过不把自己的一大笔财富留给自己的孩子，而全部捐赠给慈善事业。孩子小时候，老洛克菲勒严格控制孩子们的零花钱，洛克菲勒家族虽然是美国财富的标志，但洛克菲勒家的孩子过得比其他美国富豪家孩子简朴得多。这也可以解释很多美国富豪家族在坚持两代后就消失不见，而洛克菲勒家族却在经历两个世纪的至高荣誉后依旧欣欣向荣。戴维·洛克菲勒在回忆自己的祖父时说：“祖父眼见自己堆积如山的财富还在不断生长，可能会崩溃并埋葬自己的后代；当他想到巨额财富对于后代来说没有一点动力只有巨大压力时，祖父暂缓了向后代移交财富。”小洛克菲勒直到 41 岁时，也只拥有洛克菲勒家族标准石油公司的 25 万美元股票。最后在老洛克菲勒认为孩子具有继承财富的能力后，才将自己的财富转移给后代。

洛克菲勒家族的家庭教育旨在让孩子们感受到在拥有富有的家庭环境的同时，还要拥有富有的内心。洛克菲勒财富帝国的第六代传人尼古拉斯·洛克菲勒于 2003 年来过中国，《新闻周刊》采访他：“你生来就是一个富人，那么你是怎么看待财富的呢?”他说：“我觉得，可以有很多途径体会到富有。我生活在一个充满快乐、有爱心的家庭，我感到富有，我很庆幸认识到了家庭的价值。我们拥有金钱，并不意味着我们不用努力工作，事实上我们的兄弟姊妹都在辛勤工作，而且工作得很出色。”

案例启示：洛克菲勒家族的家庭教育归根结底就是做人教育。父母教导孩子们学会感恩，学会放弃自己的优越感，融入普通人的生活，以培养孩子自立、自强、自尊的精神。就连家族的金钱教育看重的也是孩子的人格培养。老洛克菲勒积极慈善事业，就是要孩子保持一颗平凡仁爱的心。等到他们能够自立才把财富交给他们，是让他们明白，自己要为自己负责。家族交给他们的财富是前辈的功勋。

卡内基：金钱不能换来感情

在美国，与“汽车大王”福特、“石油大王”洛克菲勒等大财豪的名字列在一起的，还有一个“钢铁大王”。卡内基钢铁公司通过白手起家建成一个生产钢铁的大型钢铁联合企业而获得优势，且数十年保持世界最大钢铁厂的地位，曾经影响着整个美国的金融状况。然而，就在他功成名就后，他放弃了所有的一切，将几乎全部的财富捐献给社会。他生前捐赠款额之巨大，足以与设立诺贝尔奖金的瑞典科学家、实业家诺贝尔相媲美，由此成为美国人心目中的英雄和个人奋斗的楷模。

为什么在功成名就后放弃了所有的一切呢？在卡内基看来，财富的积累远远比不上情感重要，更比不上自由自在的人生。这样的认识不但让他在自己事业的巅峰得以急流勇退，也成了卡内基家族重要的家训，卡内基家族的孩子们从小就被教育，金钱不是万能的，只有感情才是人生最重要的财富。在家庭理财中切忌将钱摆在第一位，这样会伤害夫妻、父母与子女的感情。

卡内基生前教育自己的孩子们：“金钱不能换来感情。”“如果我特别大方，给你们很多钱，那你们可能只记得我的钱，记不住我这个人。如果我特别抠门，可能也得不到你们对我的感情，所以我宁愿多花些时间关心你们，培养人与人之间的感情。因为在关爱面前，金钱就显得无能为力了。你们应该牢记最能打动商人心的不仅是价格，还有情感。”

启示：商人重利轻别离，在卡内基这里却被打破了，在他看来财富的积累无法与人的感情积淀相媲美！卡内基的家庭教育就是在告诫我们：父母不要总是以自己在挣钱作为忽视对孩子情感关爱的借口。“在关爱面前，金钱就显得无能为力了。”无论为孩子提供多么丰富的物质财富，也比不上多些时间和孩子一起聊聊、和孩子一起玩耍对孩子的意义重大。财富可以换来奢华的物质生活，却换不来浓浓的关爱，孩子有时更需要父母的爱，而不是钱。

比尔·盖茨的自立、限制教育

世界首富、美国微软公司董事长比尔·盖茨的家庭是美国典型的上层阶级，他的儿子一出生就备受人们的关注。盖茨有一位生意上的竞争对手说，这下好了，盖茨必将花更多时间在家庭和孩子身上，我们可以趁机超越。然而盖茨并没有多花时间在孩子身上，他告诉太太，除了给孩子喂奶，其余时间不必管他。盖茨这样做不是担心竞争对手打败自己，而是为了让孩子从小就具备独立意识。

孩子上学的第一天，盖茨领儿子去学校报到，把他送到教室后对他说："今天你已经认识来学校的路了，从此以后爸爸妈妈就不会再接送你了，一是没有时间，二是没有必要。"从此，孩子每天都自己背着书包穿过三条巷子去学校，放学后再自己回来。有时候回来看到家门紧锁，他并不像其他小朋友那样害怕，哭着四处找大人，因为爸爸早就告诉过他，你自己想办法到附近任何可以去的地方去。

盖茨说到做到，哪怕是顺路经过儿子学校门口，哪怕是刮风下雨，他都坚持让儿子独自上学、回家。有一次，孩子放学的时候天正好下着大雨，小小读书郎也真能自己想办法，他赤着脚快速跑到马路边的商店门前，然后顺着门前的避雨地带小心前行。妈妈见到儿子浑身上下湿漉漉的样子，心疼不已。

盖茨说："培养孩子的独立性，不是让孩子仅仅具有独立的意识和态度就够了，必须让孩子自己去经历，让他自己扫除障碍，只有这样，孩子才能学到相应的知识和技能，才能用各种有效的方式去自行解决问题。

让孩子学会独立，不等于父母对孩子撒手不管，相反比尔·盖茨对孩子的管教很是严格。像很多孩子一样，比尔·盖茨十岁的女儿曾经也沉迷于电脑。那是孩子进入学校之后，最开始她需要用电脑做作业，可是很快孩子就迷上了电脑游戏。她十分喜欢 Xbox360 主机上一款名为 VivaPinata 的游戏，游戏中她要管理自己的花园。每天花费 2 到 3 小时来整理自己的花园。

可是，在比尔·盖茨看来，孩子年纪还很小，长时间沉迷电脑并不是什么好事情。于是，他和妻子商量决定对孩子实行管理措施。他们给孩子定下规则：每天使用电脑游戏时间不能超过 45 分钟，周末可以延长到一个小时。但利用电脑做功课的时间不计算在内。有趣的是，比尔·盖茨还把自己对孩子的管理制度灌输到了最新的 Vista 操作系统当中，其中整合了家长管理系统，对孩子网页浏览等行文作出了控制，另外该功能还可以监控孩子的网上聊天行为。“对于某个年龄段的孩子来说，家长一定程度的监控是十分必要的，我们十分高兴能够在操作系统中加入该功能。”

比尔·盖茨的决定让父母们拍手赞叹，可是却引来女儿的不满。一天，孩子气呼呼地问自己的父亲：“你是不是要管我一辈子啊！”比尔·盖茨笑着回答她说：“当你独立之后，你将可以控制自己的时间，制订自己的计划。”

案例启示：让孩子从小就有独立的意识，比尔·盖茨做到了。他用自己的实际行动，引导孩子养成独立自主的精神。父母们不要总是担心孩子摔倒，也不要被孩子的眼泪打动，有时候，狠狠心放飞孩子才是对孩子最好的爱。

独立不等于放纵，父母不要忘记自己的权利和义务。就像比尔·盖茨一样，在教导孩子独立的时候，他仍然要对孩子进行管制教育。

财富家庭不可缺少的财富教育：盛田昭夫、沃森、摩根的财富教育

现在我们来看看财富家庭对孩子的财富教育，以下三个例子或许能给富裕家庭的父母对孩子的教育带来一些启示。

索尼当家人盛田昭夫：不要拒绝金钱的“污染”

盛田昭夫 1921 年出身于日本爱知县常滑市的造酒厂，他是日本战后协助国家从废墟中重新站起来的重要企业家之一，但他也是日本早期少数去

美国学习西方管理精神的企业家，东西方管理文化的精华在他的手中发扬光大。

许多父母怕孩子染上贪钱的恶习，就不让孩子沾上金钱的边。在充满竞争和风险的社会中，如此“纯真”很容易被淘汰。与此不同，索尼当家人盛田昭夫则认为既然生活在这样的金钱时代，父母总是为孩子屏蔽金钱的污染，其实是在害孩子，这样的孩子长大了很有可能就会在金钱世界中丧失自我。因此，他的教子理念就是让孩子们主动接触金钱。在孩子们很小的时候，他会有意识地告诉孩子他们在未来将承担的家族重任，从家族继承人的角度让孩子们学会和金钱打交道，学会金钱游戏。这样一来，孩子们就会逐渐变得精明能干，学会了精打细算，后来终成大器。

启示：金钱本身没有对错，就看你怎样运用。当今社会是一个充满着金钱诱惑和机会的世界，怎样让我们的孩子在这样的社会中能够游刃有余，不被金钱所害呢？盛田昭夫的做法值得我们学习，不刻意去隐瞒孩子，让他们从小就对金钱有正确的认识和理解，这样在长大后，他们才能更有效地运用财富。

IBM 创始人沃森：规划自己的“钱”程

沃森家族创建了雄霸世界的计算机硬件公司 IBM。这个财富家族的创始人是托马斯·沃森，他从一个一文不名的乡下人，靠推销起家一手把 IBM 这个当初生产磅秤、屠刀和穿孔机的小公司发展成为世界超一流的硬件公司。他的独生子托马斯·约翰·沃森曾是一个经常去夜总会厮混的花花公子。可老沃森教育有方，浪子回头金不换。小沃森继承了父业，把 IBM 的计算机事业推上巅峰。这个家族因培养了最优秀的人才而继续他的使命。

对于金钱教育，老沃森认为人应该学会规划自己的“钱”程，他曾要求小沃森做到心中有数，并言传身教，在孩子面前做财务计划，引导孩子学会理财，规划自己的理财目标、计划等。在小沃森上初中时，父亲就有意识地教孩子制定每周的零花钱支出计划、每月的收支目标，使儿子很小就树立了商业意识，这个好习惯一直伴随着小沃森一生。后来，小沃森成为 IBM 公司的首席执行官后，其有条理的财务分析能力和规划都得益于此前的教育。

启示：凡事预则立，不预则废。沃森家族的金钱教育告诉我们理财的第一步应该是拥有一个良好的理财习惯，然后才能谈到其他。父母对孩子进行理财教育不妨也学习老沃森的做法，从最简单的零花钱规划开始，让孩子掌握自己手里的金钱，掌握自己的“钱”途。引导他们正确的消费理念和存储理念，长此以往，他们就会形成良好的金钱习惯，这将指引孩子走向一个坚实可靠的明天。

银行鼻祖摩根：能省不如会赚

摩根财团的创始人约翰·皮尔庞特·摩根当年靠卖鸡蛋和开杂货店起家，发家后对子女要求严格，规定孩子每月的零花钱都必须通过干家务活来获得，几个孩子于是都抢着干。可是，最小的孩子托马斯抢不到活干，于是每天买零食的钱都没有，只能很节省地用自己手里的零花钱。后来，当老摩根知道后，他对自己的小儿子说，“省钱的确可以让你看起来不那么拮据，可是省钱却不是一个很好的增加财富的办法。你要做的事是想着怎么才能多干活多挣些钱。当然了，你可以想自己最擅长的工作！”这句话提醒了托马斯，于是，他开始想了很多干活的点子广开财源，零花钱渐渐多了起来，他最后明白了，理财中开源比节约更重要。

启示：节省是我们的美德，然而在现实生活中，父母对孩子的理财教育中更应该在教导节约的同时告诉孩子们：钱应该是用自己的智慧赚来的，而不是省下的！生活中，我们可以有意识地给孩子提供一些赚钱的小机会，让他们在享受劳动成果的同时，理解金钱在社会中运转的规则。

第十三章 第一家庭教子经

在儿子面前，我不是总统，而是父亲。

——西奥多·罗斯福

人的角色在不同人群面前是不同的。在民众的眼中，罗斯福是领袖，但是在孩子的眼中，罗斯福仅仅是一个家庭的父亲！如果你是社会地位和职务较高的父母，要注意的是切不要让你的权势成为孩子健康成长的羁绊。

戴高乐：做好国家的总统，首先得做好孩子的父亲

法国前总统戴高乐，不仅是法兰西人民心目中的民族英雄，也是一位值得称赞的父亲。

戴高乐夫人将要分娩，不幸遇到了车祸，当场昏死过去，经医生的抢救才转危为安。不久，女儿小安娜便诞生了。遗憾的是，由于夫人在治疗过程中服用大量的药物，致使小安娜生下来就是一个迟钝弱智的孩子。面对这样的现实，戴高乐夫人没有一点厌烦的表示，她对丈夫说，宁可放弃自己所有的地位和金钱，也要让安娜享受一个正常孩子的欢乐。戴高乐十分同意妻子的解释，他激动地说："不是安娜自己要求到人间的，我们两个人的责任，就是让孩子获得真正的幸福。"

为了使安娜生活在一个更祥和、无人打扰的环境里，戴高乐夫妇购买了一处环境优美的住宅，使安娜既可以避开众人的目光，又可以安静地与父母在一起。戴高乐身材魁梧，智力超群，身居高职，外表看上去十分威严，似乎令人难以接近，但对这个女儿却十分慈祥。他对安娜的每一个要求尽量满足，从不拒绝。随着小安娜的逐渐长大，每天饭后，戴高乐总拉

着女儿的手围着花园散步，还不时地给她讲故事、唱歌儿和表演哑剧。小安娜虽然不能说话，但在高兴的时候，也会像别的小孩子一样，欢快地笑出声来，而爸爸是唯一能使她发笑的人。当安娜玩得疲倦时，她便伏在爸爸的怀里睡着了。戴高乐陪伴女儿的时候，从来没有急躁和厌烦过，即使在二战流亡期间，也把安娜带在自己身边。他总是以神圣的父爱，抚平小安娜心灵的创伤。戴高乐一生节俭，却为安娜设立了专用的委托金，并以自己撰写回忆录的版权费作了抵押。

安娜在即将欢度20周岁生日的时候，不幸被肝炎夺去了生命。安葬仪式结束后，戴高乐夫妇含着热泪，站在女儿的墓前久久不愿离去，好像还有许多话要和孩子倾诉。天已经黑了，戴高乐才对妻子说："走吧，现在她已经和别人一样了。"安娜去世后，戴高乐总统在痛苦中决定，将安娜生前住过的房子改建为"安娜·戴高乐基金会"办公处，决定继续帮助和女儿一样弱智的孩子。

小安娜是不幸的，她一生下来就是一个弱智的孩子，小安娜又是幸运的，她有一个戴高乐这样的父亲。尽管戴高乐是一个国家的总统，尽管他日理万机，正是这种责任与爱的双重召唤，让他的一生焕发着人性的光辉，他说："要做好一个国家的总统，首先得做好一个孩子的父亲。"

案例启示：尽管女儿是一个残疾人，但是戴高乐仍然用自己的父爱让孩子感受到幸福。他的经历告诉我们，要用心去爱孩子，即使他们真的在某个方面比一般孩子要差，即使全世界都抛弃了他们，父母也要给他们最完整的爱，用自己的全力为孩子创造一个幸福的人生。

奥巴马：典型美式家教

爱你的孩子。奥巴马夫妇会用各种方式来表达对孩子们的爱，他们手拉手滑旱冰，高兴时击掌庆贺。萨莎偎依在她父亲的腿上、观看姐姐参加的足球比赛。奥巴马夫妇对孩子们的世界表现出极大的兴趣，当萨莎排练舞蹈，或者玛丽娅和她的篮球队友们一起玩耍时，她们的母亲往往在一旁关注她们。第一夫人在记事本上记录了很多孩子们玩耍的情形，她喜欢参与孩子们的校园生活，并且和老师保持良好的沟通。作为第一夫人，米歇尔说，我已经找到了平衡点，虽然每天日程都排得满满的，我仍然有时间待在家里辅导她们的家庭作业。奥巴马很自豪的一件事是，在他竞选美国总统长达21个月的选战中，他居然没有错过任何一次家长会。即使家人不住在一起，他们每天晚上都会打电话保持联络。孩子们可以感受到父母的想念和关怀，感受到彼此的心是相连的。

定下家规约束孩子。奥巴马夫妇为10岁的马莉娅和7岁的萨莎设立规定，不得出现以下行为：抱怨、哭闹、争辩、纠缠和恶意嘲笑。自己整理床铺；不求做得有多好，但要整理。自设闹钟；自己起床、自己穿衣服。适当参加家务劳动，当然你可以得到报酬。

立规则的同时给孩子们一定通融空间。奥巴马在芝加哥的时候，有时会用小奖励的方式鼓励女儿做家务，当女儿每周完成她所做的家务事后，奥巴马会给女儿一美元的奖励。女儿所要的家务事包括自己整理床被、摆好餐桌的餐具、吃过饭洗碗、清理游戏室、将玩过的玩具摆放好、每天要练钢琴。即使在白宫，奥巴马的两个女儿也必须自己整理床铺、设定闹钟。养成自力更生的习惯，奥巴马夫妇认为这样做可以让她们长大后不至于以为，别人为自己服务都是理所应当的。制定清晰而一致的规则，可以培养孩子们的责任心和明辨是非的能力。规则是很有用的，但是还要保持一定的灵活性，允许有理由的通融。玛丽娅和萨莎知道，她们的意见会被考虑，但这并不意味着，她们在所有事情上都有与父母平等的发言权，并且她们也不应该有。

教育孩子要以身作则。奥巴马和米歇尔在白宫的生活很有规律，通常两人是早上5点30分起床，米歇尔是晚上9点30分就寝。早晨起床后，奥巴马和米歇尔都会到白宫内的健身房做运动。米歇尔谈到，一个星期有六天，奥巴马是一定会到健身房去做运动的，不论再忙他也会坚持。不像我，一忙起来就会三天打鱼，两天晒网。在芝加哥的时候，奥巴马也会抽出时间做一些家务，奥巴马说那时他主要是每个月付支票、修理房子和汽车、到超市买菜，有时也会洗衣服，而洗好的衣服折叠的事则由米歇尔来做。

不溺爱孩子。玛丽娅说，她希望成为“一名女演员或者时装设计师”，萨莎则向往当“摇滚明星”。没错，她们是摩登的未成年少女，深受流行文化的影响，追求高科技产物还喜欢饶舌。奥巴马夫妇面对的一大挑战是，允许他们的女儿尽情享受青春期前的时光，同时又不会把孩子们宠坏。在奥巴马家，特权和规定同在。入住白宫的第一夜，总统给孩子们准备了意外的惊喜。她们见到了自己的音乐偶像乔纳斯兄弟，但是她们不可以在迪士尼偶像剧《汉娜·蒙塔娜》上露面。孩子们拥有 iPod、照相机、电脑，但是不允许违反学校规定带着手机上学。

家庭的稳定和传统会给孩子带来安全感。在芝加哥的时候，奥巴马夫妇的星期六总是为家庭生活保留，女儿要上舞蹈课，然后和妈妈、朋友以及朋友们的孩子一起，吃一顿比萨午餐。这些家庭传统，能够帮助孩子衡量时间的价值，并珍惜时间。米歇尔经常和女儿一起躺在床上聊天，这种日常小仪式可以让孩子感到放松和舒服。奥巴马家有强制的统一睡觉时间，虽然孩子们对此经常咕哝抱怨，但这能够让她们保持健康的生活节奏。奥巴马的两个宝贝女儿经常向妈妈打爸爸的小报告，对此，奥巴马的反应则是“感觉很不错”。两个女儿常对她们的妈妈告状，爸爸又把鞋子丢在地板上了、爸爸又把牛仔裤挂在门后了、爸爸只有三双鞋而且都旧了。

孩子要学会为他人着想。为他人着想，是奥巴马家庭的一贯理念——主动给穷人食物，为女儿们选择和前总统克林顿的女儿切尔西一样的母校：西德威尔友谊中学。这所学校秉承的价值观是：学生们要尊重他人、服务社会、报效祖国。

关注孩子的学习，但不强迫死读书。一次大女儿玛丽娅的科学考试的成绩在学校只拿到班级前 27%的名次，这让奥巴马感到失望。他问女儿为何成绩这样差，女儿说，考试并没有按照学习指导上讲的去考。奥巴马问女儿，你对提高考试成绩有什么想法？女儿说，她会仔细将课本全部读下来，而不是只挑可能考试的部分来预习。在 2009 年底的一次科学考试中，玛丽娅的成绩如何呢？她的科学考试成绩进入了班级前 5%的名次。限制孩子看电视的时间。电视节目和电子游戏大大占用了儿童们的玩耍和学习时间，如果女儿不能选择看质量较好的电视节目，那就不能看电视。奥巴马曾为女儿玛丽娅大声朗读过《哈利·波特》一书，而且是全部的 7 本。米歇尔也十分注重女儿的阅读，她认为儿童多阅读有利于她们提高语言表达能力、思维能力。

案例启示：奥巴马的家庭教育是典型的美式教育方案。父母要孩子从小独立，培养他们高尚的道德，引导他们学会学习。但这一切都是在尊重孩子的人格基础之上的，对孩子的教育也要在孩子信服的基础上，所以奥巴马的家教强调爱心、强调榜样。

普京：培养孩子是父母共同的责任

由于工作繁忙，普京和家人在一起的时间总是很少。即使如此，他也会抽时间和夫人一起参与孩子的教育。普京的夫人柳德米娜称，“普京从不反对我教育子女的方法，从不干预。他总是习惯于提出那些‘方向性的方针’，并说这只是他的个人建议，决定由我来做，其实这些决定就是他想要我做的。”每天不管多么忙，在晚餐过后的茶点时间，普京总是会抽出时间和妻儿聚在一起，聊各种话题。孩子们很珍惜这个时间，通常他们会想出很多的问题，而普京总是会一一解答。这个时间被柳德米娜笑称是家庭内阁时间，那时候，家里就只有自己人，普京不允许有外人打扰，他身边的那些随从会自动离开。

普京很忙，但是他对女儿的教育很上心。他对孩子的教育投资从来不会吝啬。无论是孩子想学跳舞，还是接受两门外语的学习，尽管这些都需要花掉普京很大一笔钱，但是他在这上面从来不会犹豫。

在平时普京忙碌的日子里，教育女儿的责任就落在了柳德米娜的身上。柳德米娜对教育女儿学习很有心得。

给孩子一个全方位教育。在学校里的分数，体现的不是孩子学到了多少东西，而是他们犯了多少错。学校过于重视知识的学习和分数的高低，但对儿童而言，除了能快速阅读、无所不知外，更要学会适应社会、懂得友谊。我们的教育应该是让孩子提高修养，但不让孩子觉得学习是一种折磨，这点非常重要。孩子们需要睡眠充足、精力旺盛、性格开朗、身体健康。

让孩子喜欢阅读。普京的两个女儿卡佳和玛莎都很喜欢阅读。在普京夫人看来，孩子的阅读习惯应该从小培养。阅读的价值不容低估，尤其是书籍的阅读。“任何有声读物都无法替代书本。”

要让孩子学习。柳德米娜称，“我认为，孩子们早上还是应该去学校上学，并且每天应该有10个小时的学习时间，除了文学外，还应该包括物理、数学和体育。她们的功课首先应该由老师们评定，其次才是父母的评定。这样会让她们懂得尊重别人。”俄罗斯第一夫人对自己的孩子们非常满意，她们现在都掌握了三门语言，“尽管她们年龄都不大，但我要求她们每天必须使用另两门外语。当然，她们的俄语讲得也非常漂亮，我一直告诉她们，当一个人能够非常漂亮地运用自己国家的语言时，她同时也就显出了对这种语言和自己祖国的热爱”。

案例启示：普京的女儿很幸福，因为双亲在对她们的教育中渗透了父母的智慧。无论是父亲的高屋建瓴还是母亲的细致入微，都让孩子感受到浓浓的爱意。对孩子的家庭教育，父母双方缺一不可，良好的配合才能实现有效的家庭教育。父母不要对着孩子随意否定对方，或是在孩子的教育问题上，双方矛盾重重。这样的家庭教育很难让孩子心服口服，教育效果也不会好。

还给孩子一个轻松的受教育环境，这是普京夫人家庭教育又一成功之处，即使是国家元首的孩子，普京夫人也尽力让孩子们拥有和普通孩子一样的生活、学习机会，这样一来，孩子们在同龄人的陪伴下，人格和心理就会得到正常的、健康的发展。我们的父母不要总是把自己的理想强加给孩子，随意剥夺孩子享受和同龄人一起游戏、学习的乐趣，如是这样，会扼杀孩子的童心。

天利家长俱乐部诚邀您的加盟

天利家长俱乐部是以“关注家庭教育，做智慧型父母，伴孩子健康成长”为宗旨的公益性社会组织。

天利家长俱乐部是关注家庭教育者的大联盟，是爱与责任的汇聚，是一起分享、感悟、探索、学习交流的平台。

天利家长俱乐部通过开办讲座、组织活动、开通家庭教育网论坛、推广家庭教育书籍等，为家长提供科学教子的方法。

做父母，或者说做合格的父母太难了。现在的绝大多数孩子都是独生子女，父母对孩子的教育没有见习期，父母一时的疏忽，也许就会给孩子的成长带来永久的遗憾。您想没有遗憾吗？那就快加入我们吧！

一、入会办法：

1. 请您认真填写申请表，寄送或传真给我们，经确认后您就可以成为天利家长俱乐部的成员。

2. 登录天利家庭教育网：http//jiajiao. TL100. com，下载入会办法，填写后发送邮件至 fjx1122@126. com，申请加入会员。

二、会员范围：

1. 3～18 岁孩子的父母。

2. 关注儿童教育，热心参与家庭教育事业的各界人士。

三、会员待遇：

1. 有机会参加俱乐部组织的各种交流活动。

2. 可获赠由俱乐部提供的家庭教育期刊。

3. 可作为俱乐部的分部负责人，在您所在的地域组织开展活动。

4. 会员及其家庭成员可有机会在天利家庭教育网进行风采展示，交流活动的精彩内容也将上传到网站上。

四、联系方法：

联系电话：010－64466472　64466845（传真）

邮寄地址：北京市朝阳区东土城路 8 号林达大厦 A 座 13 层　邮编：100013

北京天利家庭教育研究中心（收）

天利家长俱乐部会员申请表　（此表复制有效）

<table>
<tr><td>姓名</td><td colspan="2"></td><td>性别</td><td colspan="2"></td><td>年龄</td><td></td></tr>
<tr><td rowspan="2">电话</td><td colspan="4" rowspan="2"></td><td>E-mail</td><td colspan="2"></td></tr>
<tr><td>QQ</td><td colspan="2"></td></tr>
<tr><td>身份</td><td colspan="7">家长（　　）　家庭教育工作者（　　）　教师（　　）　其他（　　）</td></tr>
<tr><td>地址</td><td colspan="5"></td><td>邮编</td><td></td></tr>
</table>